THE RULE

How I Beat the Odds in the Markets and in Life—and How You Can Too

金融怪傑

賴瑞・海特的順勢交易原則

Larry Hite

系統化交易一代宗師 賴瑞・海特 唯一親筆自傳

賴瑞・海特——著
李靜怡——譯

你無法阻止巨浪，但你可以學會衝浪。

Contents 目錄

第二部分
明特基金、金融怪傑和堅守原則

推薦序

讓利潤持續滾動的原則

麥可・卡威爾（Michael Covel）
《海龜特訓班》作者

早在一九九〇年代初期，我就發現了一種神秘的交易策略。當時全世界沒有任何主要的交易者使用「趨勢追蹤交易」（trend following trading，或稱順勢交易）——這個策略跟買進賣出無關。也和巴菲特或價值型投資無關。也不是預測或效率市場假說。也非彭博（Bloomberg）或消費者新聞與商業頻道（CNBC）的每日行情預測。

這個策略跟追逐浪潮有關。選擇浪頭，並且跟著浪潮上上下下起伏一陣，賺進利潤。假如浪非常地高，也不必擔心。你只要選擇跟上勢頭，而且確定浪一直往上攀升就好。你要找的並不是特價或折扣。

現在有種技術伴隨這種交易模式或「跟浪」的想法而來——只要你知道自己能賠的底線在哪裡，就可以選擇站上浪頭。為什麼呢？ 因為你無法知道為什麼任何的趨勢會走高或走低。你能做的只有保護自己的底線。你必須坐穩了，明天才能繼續交易。

真正有趣之處在於，這種觀點或生活方式其實不僅限於交易市場內。你可以在風險投資、電影製作、運動等領域，好比布萊德・彼特（Brad Pitt）在電影《魔球》裡的角色，甚至在感情世界裡看到類似的想法。

在理解了這種想法背後的運作邏輯之後，我出版了五本暢銷著作、錄製了七百集 Podcast（目前已有八萬名聽眾，並且持續攀升中），甚至導演一部紀錄片。

在趨勢追蹤交易裡，有哪些不同領域的名人呢（或許他們本人不見得會如此定義）？其中包括：貝佐斯（Jeff Bezos，亞馬遜創辦人）、康納曼（Daniel Kahneman，諾貝爾獎得主、展望理論發表人）、傑森・布倫（Jason Blum，電影製作人）、達雷爾・莫雷（Daryl Morey，NBA 休士頓火箭隊總經理）、約翰・亨利（John W. Henry，MLB 波士頓紅襪隊老闆）、比爾・格利（Bill Gurley，矽谷最著名的風險投資家）、尼爾・史特勞斯（Neil Strauss，兩性與約會達人），以及——賴瑞・海特（傳奇交易員，本書作者）。

我認識上述大人物的其中一個。那就是賴瑞・海特。

賴瑞是少數在趨勢追蹤領域裡被視為傳奇的人物之一。不過先別管交易，因為賴瑞的故事與你有關，不管你的目標是什麼。請試著這麼想：當你要把辛苦賺來的錢或時間拿來當作賭注時，你必須小心「賠率」(odds)。這代表你希望一直穩操勝算。我們用樂透來當例子——沒有人有機會贏。樂透的賠率永遠壓過買家，但人們仍舊繼續排著隊等著下注，以為自己會有希望翻身。

在過去三十年來，賴瑞一直是趨勢追蹤領域裡赫赫有名的人物，這跟樂透帶來的錯覺相反。這代表在他有機會贏的時候，他會加高賭注，而在一定輸的時候，則不會加高賭注。

但是，讓賴瑞賺進大筆財富，並且能與所有人都產生連結的特質是什麼呢？他很特別。他不是從奧利佛・史東(Oliver Stone)的華爾街電影或《百萬富翁》影集裡走出來的光鮮亮麗之人。他比較像是一隻迷途羔羊。而這讓人有所啟發。

我在二〇〇五年首次遇到賴瑞。他是我的紀錄片中的一角。他曾在我的《趨勢追踪》(*Trend Following*)和《交易小書》(*The Little Book of Trading*)中被大大地讚美。

我們一直保持聯絡。我甚至和他一起錄了數小時的訪談。事實上，二〇一二年，當我提議他寫書時，只是隨口講講。最後，他的書真的出版了。

二〇一八年秋天，當賴瑞幾乎要完成第一本書時，我們在越南見面。當時他和太太正在東南亞旅遊，並在西貢停留。我們立刻約好在風景優美的西貢凱悅飯店碰面。

賴瑞根本不在乎飯店，他忙不迭地說，「快，問吧。可以開始了！」

他本人就像個熱情洋溢的青少年嗎？還真的是。

我想這應該不是訪談，賴瑞想要的應該比較像是對談。我把iPhone拿出來，「可以錄音嗎？」

「當然。」他說。

假設我把他和一群陌生人丟在電梯裡，他開口向大家說：「我一直都是個趨勢追蹤專家。」我相信99%的人不會知道他在說什麼。他要怎麼向交易新手或是法律專家解釋自己的專業呢？

還好，賴瑞對所謂的「定義」相當寬容。

他的工作就是跟隨群眾、跟隨金流的動向。他依據市場價格，判斷價格移動的方式，決定要做多或做空。

賴瑞用「貝式定理」[1]作推斷。所有的迭代（iteration）都來自上一個迭代。但是這能說明什麼？這能預測什麼嗎？可以，只是能解釋的不多——這足以預測下一次的價格移動，而這正是趨勢之源頭。而趨勢很可能會因為群眾的狂熱而持續下去。人們餵養自己。你知道當自己看到股票飆高時當下的反應嗎？每個人都懂這種狂熱，因為他們都想賺到一筆。

但人們懂得其中的道理嗎？當你告訴人們原因時，他們能理解嗎？

並不能。

也因此，我們需要換一個想法。賴瑞很早就知道人們「輸的原因」不是因為不識字，而是因為他們不識得數字。他們不會算。或是更糟的，他們連算都不算。你懂嗎？計算讓我們懂得觀望自己。可惜的是，我們大多數的人都會成為群眾的一部分，成為人群中的一員。因為我們需要「集體認同」。我們需要家人朋友，像我們愛他們一樣，愛著我們。我們幾乎無法踩出界線之外。如果我們離境，就

1 或稱「貝葉斯統計」（Bayesian statistics），是推論統計與概率的一種方法，最早由十八世紀的英國數學家貝氏所提出。

會徹底孤獨。而孤獨是我們懼怕之地。

賴瑞的聰明之處，在於他能將複雜的見解以有趣而易懂的方式和人分享。讓我來分享我和他的一段對話，證明這個人的獨特之道：

我：假如你做了一個錯誤的判斷，並且不知道為何事實不如你所想的那般發展，那麼你最好趕快離場，帶走你的籌碼，下次再來——這對很多人來說似乎很難做到。

賴瑞：噢，這要看他們的邏輯好不好囉。

我：哈，你的邏輯聽起來就像是史巴克（Spock）[2]。我今天正好看了一集一九六八年的《星艦迷航記》。我看到李奧納德．尼莫伊。你的意思是……？

賴瑞：我和李奧納德．尼莫伊念同一所高中。

我：你知道嗎？我今天像有透視眼一樣。他真的跟你……？

2　意指科幻影集《星艦迷航記》的主角之一，史巴克在劇中擔任星艦企業號的科學官及大副，由美國猶太裔演員李奧納德．尼莫伊（Leonard Nimoy）飾演。

賴瑞：真的啊，他和我是同一所高中。

我：好，我們了解了，賴瑞·海特的交易生涯正是建立在某種和史巴克同校的關聯上。

賴瑞：不，這我不知道，但我懂了（笑）。史巴克和我一起上過課。

我：所以當你輸的時候，也會像史巴克一樣對嗎？

賴瑞：沒有噢。

我：沒有嗎？

賴瑞：沒有，這不是選擇，這是一種本能。

我：不然呢？難道輸的時候就直接破產嗎？

賴瑞：那你就破產、心碎啊——你必須擁抱失敗。

這段談話解釋了為什麼我很樂意為賴瑞的書寫序。

你懂嗎？對任何生命、任何動物來說，最重要的就是「生存」。因此，假如可以，我們就會斷尾求生。這就是史巴克邏輯，或者說是簡單的數學、物理——不管你怎麼稱呼它，你都必須適應。難怪達爾文是史巴克的偶像之一，因為適者生存——最終勝出的，並非最迅速、最強壯或最聰穎的，而是最能適應的——你必須擁抱這樣的想法，否則將全盤皆輸。

只不過，像賴瑞這樣的好人時常被視為是「邪惡的投機客」；不管是出於無心或嫉妒，如他這般的角色往往會被視為混蛋。但他的想法其實只是：「等等，我也要加入賽局。我會按照規則下場玩一把，摸清邊線，保持贏面。」但是人們求的往往是集體安全，而不願意以獨特、自我的觀點出發。相對的，賴瑞則非常樂意放棄他人所認定的舒適範圍，並為自己的財富冒險。

當我問他，對比眾人喜歡打的安全牌，他怎麼看自己的冒進之道時，他以非常「賴瑞」的口吻反問我，「我猜你也是百萬富翁吧！」我知道他想看我有什麼反應，看會不會有什麼祕密脫口而出。我也知道他就是愛打趣，因此回道，「我沒錢啊，你記得《教父2》的經典台詞嗎，『我是住邁阿密領老人年金、苟且偷生的窮鬼。沒錯！我要搬到邁阿密海灘啦。我會住在你旁邊。一起住一間豪宅吧，如何？」

他大笑反擊說，「誰怕誰啊。」

先不說笑。賴瑞的哲學向來不為金融圈所理解。舉例來說，每隔一段時間，就會有人說趨勢追蹤已死。彭博社強加的不祥標題為它賺來了不少點擊率。主流媒體將賴瑞的哲學簡化為恐懼感。為什麼呢？因為他們的廣告主來自頭腦結構與賴瑞完全不同的華爾街玩家，也因此賴瑞的說法踩到了他們的痛點。

但是，為什麼趨勢追蹤永遠有效呢？為什麼賴瑞的觀點不為時間所動搖呢？對此，賴瑞的答案很簡潔：「因為很少有人會不怕輸。」

前面曾提過，你知道誰不怕輸嗎？貝佐斯。貝佐斯和賴瑞有個一模一樣的原則——所有亞馬遜網站的經典商業創新手法，都經歷過一輪淘汰賽，並且通過亞馬遜網站的實驗階段。當然，我們不會知道那上千個失敗方案的來龍去脈。事實上，生活中的各個面向都需要冒險精神，不管是市場、約會，以及一切的一切——最大的贏家總是飽嘗失敗之苦。

你可以想像，賴瑞的說法和貝佐斯恐怕不相上下，「如果有人幫你保留了在火箭上的位置，不要問那個座位好不好，先坐上去就對了。」沒錯，承認吧。我們就是得抱持著這種「趕快登上火箭」的聰明態度！我們常常碰到如此的大好機會，但卻會因為害怕失去而退卻。

現在，讓我們回到二〇一九年年初，我看了看手機的來電顯示。賴瑞正從八千哩遠之外來電。我接起電話。我們討論了您手上這本書的內容，以及適合它的書名。很多人（包括我）都提供了許多書名的建議。

就是在這個時候，賴瑞第一次告訴我，他心中的理想書名。「原則，就叫《原則》吧！」（本書英文書名為 The Rule）他無須解釋。他心所嚮往的顯然是大衛・李嘉圖（David Ricardo），那個一八〇〇年代的傳奇政治經濟學家。李嘉圖有句口頭禪，而這句經典的話也成為賴瑞的座右銘：「減少損失，讓利潤源源不絕地滾動。」

這就是他的原則。這就是賴瑞・海特。

（本文作者為資深投資人、順勢交易的信仰者，讀者可前往他所主持的趨勢追蹤 Podcast 節目，聆聽他與賴瑞・海特的深度對談。節目網址：www.trendfollowing.com/larry）

前言

獻給渴望財富自由的你

有個虔誠的男人住在布萊頓海灘。一天，他聽說鄰居玩樂透中了幾百萬元。這老男人又妒又氣地衝到海灘上，在無數戲水的人們面前仰天大喊：「老天，我太生氣了！我一直是個好爸爸、好先生。工作勤奮，週日一定上教堂。三十年來，我從沒中過一次樂透！」

此時，天空瞬間烏雲密佈，閃電轟隆作響。從天上傳來一個不祥的聲音說：「你有買過樂透嗎？你至少得先買了再抱怨吧？」

第一課：你得先進場才能贏，如果你沒下注，是要怎麼贏呢？這聽起來簡單到好笑，但我遇過無數聰明、有天分的人，雖然想贏，但卻毫無動作。他們沒進場，怎麼會有機會贏呢？重點其實是「恐懼」。我曾幫助不少人克服自己的恐懼，並且在生活中擁有更多。我也希望我的孫子輩和他們的世代都可以理解到：只要下對賭注，不管是在經濟上，或感情上，你都有可能擁有更多。賭注正是我們做的選擇。雖然不管在生活上或市場裡，都有太多不可控的因素，但我們仍然握有部分的決定權。

我想先告訴你一個非常重要的概念：**你的夢想遠比現實的限制來得更為重要。你不能決定自己的基因或是家庭背景。但你可以選擇自己的目標和夢想，並逐步實現它。**在我的人生裡，我的夢想遠比實際限制來得遠大。我的限制很多。當然，有很多人的起跑點或許比我更為劣勢，但是我勇於面對現實的艱難。

我會在本書第一章的開頭，分享自己的故事，但是簡單來講，我來自中下階層背景的家庭，從小就患有學習障礙，學校表現拙劣，甚至幾乎全盲（一眼全盲、另眼半盲）。我不英俊，也不敏捷。但是，今天的我是個白手起家的百萬富翁。我怎麼辦到的呢？我在自己身上下注，並且成功勝出。你也可以做得到。

這也是我想分享自己故事的原因。

我寫這本書不是為了稿費，也不為了名聲，這些東西我都有了。事實上，錢和名聲不是最重要的。我擁有上億美元的現金和有價證券，那麼，為什麼我想要寫這本書，分享自己的故事呢？

真正的問題是，「我是為誰寫這本書的？」我想寫給在高中畢業舞會中沒有受到任何人邀請的胖女孩看。寫給在籃球隊裡坐冷板凳的男孩看。你知道，當你還小時，這些事都好傷人。我也想寫給明星球員看，因為沒有人的人生處處圓滿。

簡單來講，我的故事會對所有人都有所啟發，不管是在小學、高中或是人生裡碰壁的人，都好。其實我們都一樣，都會碰壁。

不是嗎？在我們青春期時，通常都沒有被全校最酷的男生或女生邀舞，也沒能成為球隊隊長。有首老搖滾歌叫〈初戀最傷〉（The First Cut Is the Deepest），當你還是高中生時，這就是最傷人的事吧。

想像一下：一開始我很瘦小，後來又變得太胖，我的左眼全盲，右眼近乎半盲，而且，看得到的那隻眼睛還有閱讀障礙。不管我怎麼做，都顯得很失敗，不管是在球場、學校或人生裡。我的成長經驗有了如此的啟發：當你不停地絆倒，一事無成，而同學都叫你「不平衡先生」時，你只能爬起來，繼續前進。

成為有錢人的第一件事

你要先指認出「自己想要的」。這聽起來有點老套，但卻很真實。

當我七歲時，有個大人問我和一群小朋友，長大想成為什麼人？朋友們給的答案都很平常：老師、醫師、救火員。當輪到我時，我說，「我希望像叔叔一樣有錢。」當時我甚至不知道「有錢」到底是什麼意思，但這個答案卻脫口而出（一直到多年後我才在《富爸爸、窮爸爸》這本書裡看到令人滿意的答案。作者認為只要你能存滿兩、三年的錢，就算有錢了）。在我七歲的時候，我只能觀察身邊的大人擁有什麼。當時我住在一間有三個房間的小公寓裡。叔叔住在大房子裡，因此他算得上有錢。我希望長大可以像他一樣。「渴望」是非常有力的念想。這成為我的驅動力。

十五年後，我大學畢業，當我被問到同一個問題時，答案依舊。我希望變得有錢。對我來說，錢（Money）的字首是 F —— 這就是我最想要的，也是就是「自由」（Freedom）的滋味。這個想法驅使我前進：我希望擁有能夠嘗試一切的自由。但是我仍舊希望自己在面對失敗時能有著立足之處。既然我的生活已經有著種種不便，我必須富有，才能填補部分缺憾。

當我回頭看其他和我一起長大的朋友，我們並沒有那麼大的不同。確實，大部分的人在財務上都不是特別理想，也有著種種懊悔。我問自己，難道我就比別人好嗎？我絕對不那麼認為。我只相信自己的成功來自於訂定目標，並且報以絕對的毅力達成目標。對我而言，**建立有意義的目標，是最重要的一步**。如果你不知道自己想要什麼，那麼每個艱難的選擇都將擊垮你對人生的信心。

我也和其他人一樣有種種害怕。是真的。當我二十七歲時，我賺到第一筆大錢（第三章會詳述這個故事）。當時的我很開心或驕傲嗎？事實上，第一次的成功為我帶來巨大的恐懼。我不但害怕輸掉那筆錢，也害怕隨之而來的權力與責任。

我想邀請讀者們一起了解我的故事，最終，我成為不錯的交易者，也是個快樂的丈夫、父親、祖父，與交了許多朋友。我的人生與財富之道並不牽涉繁複的技術，也不需要長篇大論。**富有與成功並不代表你從不失誤，而是你在對的時間贏多少，以及在錯的時間輸多少**。我們常看到心胸狹窄的人過分誇大他贏的部分，但是真正贏得夠多的人，恐怕不會滿足於向派對上的陌生人誇耀自己的本領。

會在金融市場或其他領域成為百萬富翁的人不需要弄懂量子物理學。事實上，許多華爾街的金融理論都是在我長大的布魯克林街頭生長出來的。我記得1980年代初期，一名耶魯大學的經濟學家與對沖基金管理者向我這麼說，「賴瑞，你應該加入我們，」他說，「你會喜歡我們發明的系統。」他向我解釋他們剛發表、轟動四方的經濟學報告。該報告分析「存貨對企業帶來的成本」。研究發現，由於庫存未售出而造成的成本負擔，對持有庫存的賣方而言是一大損失。該報告以數學分析長期貨物滯銷所耗費的成本——只要存貨一天不賣出，你就等於是在借錢。

但事實上，所有的猶太小販和他們的孩子都知道東西賣不出去的代價。我告訴那位經濟學家，「我外婆在羊頭灣賣水果。只要哪天賣得不好，她就會開始降價，因為當天晚上她必須帶錢回家餵養七個小孩。」她不會寫，也不會讀，但她會算。**不管是交易、投資與創業，都是「計算賠率」的問題，只要你願意，你就做得到。**

那位經濟學家的人不錯。我向他道謝，但表明自己沒有興趣加入。不過我很感謝他和我聊天，因為這證實了我一直以來的想法：我們讀到的投資或企業故事及其預測，永遠都相當複雜，但往往不堪檢驗。讓我重複一遍，事實確實如此——贏的道理往往遠比眾人所想的簡單，或許從來沒有人教過他們。

我自己的經驗是，要衝破困境沒那麼難，只要策略正確。真的，其實我從三十歲以後，幾乎沒有工作過一天。這怎麼可能呢？好吧，我愛我所做的事，因此對我而言，工作並非是工作。但是，我確實建立了一套交易系統，讓我連睡覺時都能有進帳。

我靠自己的才能走出一條路，並且過得還不算差，儘管在學生時期，我經歷了相當慘烈的一段時日。但是那些挫折讓我對那些看門犬與官僚體系推崇的常規相當懷疑。我將會在本書前兩章分享相關經驗，早期的失敗讓我懂得對挫折釋懷，甚至，讓失敗成為我成功的基石。

早年的經驗讓我知道人很容易犯錯，也因此我的投資方法與預測未來無關。（提示：沒有人能預測未來！）我也學到世上有太多未知，太多的不確定，要對市場或經濟走勢進行大膽的預測簡直不可能。**真正贏的關鍵在於：理解人類總是容易失誤，並且思考大眾的行為，以「現在」作為判斷的基準，而非遙遠無解的未來，最終，慢慢縮限你的風險。**我是趨勢的跟隨者。追蹤趨勢的好處在於，趨勢存在於每個當下。我運用「貝氏定理」判斷此刻，這也有點像是在計算打擊率。在本書的第四章，我會教你如何判斷市場與人生的走勢——如果這對我有幫助，那麼一定也會讓你有所收穫。

請務必對那些不時提出「嶄新觀點」、制定奇妙的系統或「全新」的革命性方法的專家保持戒心。你還記得馬多夫（Bernie Madoff）嗎？他保證錢會來得很快，並因此騙進上億美元。[1]像他這樣的人多得很。你想要賺錢嗎？那麼絕對要避免被捲入炒作之中。觀察現在、當下的趨勢，當你受到塞滿金融預測的報導吸引時，你看到的只是某某人設計好的漂亮文案而已。華爾街的投資公司與財務管理機構慣用美妙的故事向你推銷自己的服務，從今爾後，他們也會一直使用這種招數攬客。

「故事」始於人類社會的曙光之際，為了娛樂與指導下一代，我們開始講故事。我們總是能從奇趣的故事裡學到些什麼。但不幸的是，華爾街深知我們的弱點，他們知道我們愛聽故事。但是，請注意，世界並非如此運作：全

---

1 二〇〇八年，華爾街爆發有史以來最大的弊案，前那斯達克主席馬多夫，被控以「龐氏騙局」詐騙了超過500億美元。其手法是以短期暴利做誘餌，拿後來投資者的錢支付先前的投資者，不斷誘騙更多人投入。這場騙局持續達二十年之久。

球金融市場背後的機制與好聽的故事無關，真正的關鍵是「數字」（這才是客觀事實）。市場即是在法律規範內進行持續的經濟利益積累，而許多華爾街的故事則是期望以背後的趨勢取代生硬的機率與數字。

我有辦法說一個更好的故事。如果比較兩種數據，我可以分析市場將會上揚或走低。數字不如故事來得性感或有趣。那些從不會在校園裡和我攀談的帥哥美女們，紛紛在交易場上發出慘叫聲，但如果你願意運用數字，那麼必將變得更為富有，而我也樂於分享自己的方法。

舉例來說：假如我告訴你有間公司的營收將達到該年最高點，並且給你看相關報表，那麼事實無可爭議；但如果我告訴你，該公司的執行長是戰時英雄，並救了二十八個人，我們可能會為此爭辯一整天——他真的有救人嗎？這會為我帶來進帳嗎？我想知道的是該公司該年度的股價高點，也就是數字。我的成功來自無比枯燥的交易系統，而非爭辯這人是不是戰時英雄，即便你知道真正的答案，如此微渺的事實也不會讓你在市場裡賺到一分錢。

你可以透過炒作來謀生，也可以因為買進對的商品而獲利。我在交易市場打滾四十年，橫跨不少領域（主要是期貨市場），但我從未對自己所交易的商品（當然皆屬合法商品）有過深入了解。我買賣的可能是松子、豬腩、咖啡、糖、股票或債券。交易的項目本身根本不重要，重要的是如何交易，以及為何交易。

我的交易哲學和典型的市場小販不同，他們吆喝著要你持有股票，並且等待價格上揚。誰會相信這種話呢？你會看到我的交易方式不僅為你帶來財富，也會對你的婚姻、生活、企業運作，以及任何你專擅的領域有所幫助。

減少你的損失，並好好保有你賺錢的項目。這就是我創造財富與達成目標背後的終極思想。這是我的原則。至於什麼時候該停損，什麼時候又該讓利益持續攀升呢？你必須自己判斷。你必須決定自己承受風險的彈性。具體來說，你可以忍受工作或一段關係帶來的負面影響多久？你可以忍受市場打擊多久？我會告訴你如何找到答案。

請記住：**在生活中，時間才是最重要的貨幣，而不是金錢。**我們都只有有限的時間（除非我們找到長生不死的方法）。你可以贏錢、輸錢、再賺回來。但是時間一去就不復返，因此，當你在最糟的狀況下做出理想的決定時，就是在為自己爭取時間，或者說，爭取自由。

或許很多人不喜歡我評估賠率的方法，因為這裡面沒有英雄，也沒有任何故事性的元素。沒有三幕劇。沒有英雄光榮回歸。沒有好故事。但如果我告訴你，當我每天早上起床看數據，問我自己什麼樣的生活方式是最簡單的？那麼我會說，每天花二十分鐘交易，其他時間都享有自由，就是最好的生活方式。

我認為，選擇你所要的，正是學習如何做出聰明的選擇，重點在於你的選擇是否聰明？要做出聰明的選擇，就必須要了解基本的概率。假如我要賺大錢，那麼就必須學會在對的時間點做交易的方法，並且懂得在壞的時間點少賠一點。我的交易系統和方法讓我避免在風險過大時，輸得一乾二淨。事實上，我會決定好自己可以賠多少，並為此調整方法，所以我永遠不會賠超過那個範圍。換句話說，假如你不能沒有家當，那就不要押上你全部的財產。我會一直提醒你這一點，讓你避免賠上自己輸不起的家當。錢是你的。只有你能控制自己所擁有的財富，以及願意折損的程度。如果你接受這個原則，那麼就會發現市場沒有那麼艱難。你已經不再恐懼！我現在已經起了雞皮疙瘩，因為這正是成功的原則，但沒有多少人懂。

或許有些人認為我的世界與他們無關。請再想一想。我不認為自己的故事只對交易者或投資人有幫助。我的想法可以幫助你了解自己是誰，運用自己的薪水取得最高利益，以及獲得自己渴望的人生與事業。在真實世界裡，你不可能透過轉瞬間的決定，改變一切，但你可以做出更好的選擇——這些選擇會讓你獲得更好的人生，也會讓你在乎的人擁有更好的生活。這就是我希望透過這本書幫助讀者們達到的理想。

我希望自己的故事可以不要參雜任何金融術語，雖然我還是會使用一些基本的金融詞彙，讓你可以繼續探索金融世界。此外，我也會用許多有趣的故事去推進我的理論，但是我說故事的目的在於分析事實與趨勢交易運作的方法，而非混淆視聽。

在本書的第一部分，我會先分享我的童年、青少年故事，一個在學校表現差強人意、還有閱讀障礙的盲眼小孩，最終找到自己的目標。我會分享自己的四大原則，以及如何在生活與市場上實踐：（一）先進場、（二）不要輸光籌碼、（三）計算賠率、（四）砍掉賠錢項目、維持賺錢項目。首先，你必須了解我是誰、為什麼選擇如此人生、我如何思考，以及上述原則如何為你帶來好處。

至於第二部分，我會教你如何將我的原則實踐到更廣泛的生活面。我會述說我和夥伴們如何成立明特資產管理公司（Mint Guaranteed Ltd.），這是全世界最大、也是第一個規模達到上億美元的對沖基金公司。我的工作領域與複雜的研究、計算習習相關，但我希望簡化我們的過程，並且讓你在任何領域都能受益於我的致富方法。我也將傳授投資新手一些實際技巧，並為投資老手提供實用原則。但對我來說，最重要的不是技術，而是我發展出來的哲學，我認為不論你身在何處，年紀老少，都能有所助益。

等你知道我的經驗後，就會理解我早期的挫折如何讓我學會接受失敗。更重要的是，所有的財富都來自於微小錯誤的積累，「失敗」將為你贏得成功與財富。

當我在為大學生演講時，我經常會問他們七個問題：

（一）你是誰？

（二）你的目標為何？

（三）你想玩什麼遊戲？

（四）你想在哪裡玩這個遊戲？

（五）你的時間與機會邊際在哪裡？

（六）最糟的狀況是什麼？

（七）如果你得到你想要的，事情會有什麼變化？

這本書以「原則」（The Rule）為名，因為我的目標在於分享讓自己致富的交易哲學，並且證明這些方法也能對生活各方各面帶來影響，好比感情、婚姻、職涯選擇，甚至你如何過馬路等。

我希望我的故事能啟發你，讓你思考自己在生活中做決定時所面對的可能，你會發現，有些事你可能還想得不夠徹底。由於我是趨勢追蹤專家，我會邀請你更仔細的思考生活中所面對的趨勢與數字。沒有人能預測未來，但是那些趨勢與數字是否透露了點什麼呢？

第一部分

羊頭、豬腩與二十一點

SHEEPSHEAD, PORK BELLIES, AND BLACKJACK

第一章

知道你是誰：我從失敗學到什麼？

Know Who You Are: How I Learned from Failure

二〇一二年七月的某天傍晚，《對沖基金評論》（*Hedge Funds Review*）邀請我參加他們首屆的頒獎晚會。那個場合很正式，他們說準備頒獎給我。我也不知道那是什麼樣的獎項。在我年輕的時候，有一段時期我曾是一名脫口秀演員，他們要頒給我「交易界首屆笑話獎」嗎？我心裡小小的叛逆因子讓我有點抗拒出席。儘管我在派對上往往滿盡興，但是要我穿西裝打領帶，我就興趣缺缺。對於那種必須參加的活動，我總是不太願意配合，但我知道我得去，所以只好從命。

那天晚上很美好，有點熱，但不會太濕膩。我們在曼哈頓的燈光伴隨下，在飯店頂樓進行宴會。你知道的，紅酒、晚餐、聊天。但等了很久，我都沒聽到自己的名字被主辦方提起。直到最後一刻，他們頒了最後一個獎——賴瑞・海特以其在對沖基金的先驅者身份獲得了終生成就獎。現場掌聲雷動。

我感謝主辦方，並且如此總結了我的哲學，「你不會知道來這會得到什麼。」

我一直保存著那座獎，我在辦公室裡放著那面由木質與黃銅製成的獎牌。上面寫著，「賴瑞・海特將三十年人生貢獻給強悍的數據系統與程式，並在廣大的市場領域持續迎來挑戰與收益」。該雜誌如此描述，「賴瑞・海特獲得二〇一二年美洲的《對沖基金評論》之終生成就獎，他啟發了整個世代的管理期貨基金（CTAs）及對沖基金系統管理者。」

這一切是怎麼發生的呢？我如何為投資人與夥伴賺進上百萬美元？我的成就（我相信你也能得到的成就）來自個人的重大失敗。我的解決之道呢？我準備好自己，所以任何失敗都不可能徹底擊潰我。懂了嗎？且讓我一再重複，直到你相信為止，因為這對你的工作將有莫大益處。我能贏，是因為我總是做好輸的準備。

這究竟是怎麼做到的？事實上，如此違反直覺的判斷是來自我的童年、我的背景。

• • • •

我出生在一九四一年布魯克林的羊頭灣。這裡和曼哈頓上城的上流階級生活，大不相同。我們家住在第一代美國移民的工人階級社區，這裡住著義大利或猶太裔的移民。猶太人住在公寓大樓裡，而義大利人則喜愛街邊的成排小屋（一直到高中我才碰過新教徒）。

我們的一房小公寓就在V大道與歐辛大道交界處，那是一棟二戰前蓋成的紅磚大樓。八歲前，我都沒有自己的房間，直到父母終於想辦法搬到位在樓上的兩房公寓為止。在此之前，我都睡在沙發上。

我的父母是什麼樣的人呢？我父親是專做床罩的小製造商。他的父母也是移民，靠小販維生，但他們湊了一筆錢讓我父親開了一間公司。他的商業夥伴負責工廠運作，他自己負責行銷、設計與販售。一直到很多年以後，父親才向我坦承他連高中都沒有畢業。他人很體貼，每晚七點後必定準時回家。當我做錯事，他可能會發脾氣，但十分鐘後，就會來房間問你想不想吃一點蛋糕。我母親的家人也是移民小販。她希望我們能有所成就，而且她很早就告訴我：我一定要去念大學。至於這一切要怎麼辦到？一家人卻毫無頭緒。

我小時候沒什麼天份，也沒有什麼能引人注目的長處。我有滿嚴重的障礙，在童年時期，不管嘗試什麼，都感到滿滿的挫折。我努力想要成為普通人，因為對我來說，那就等於是贏得世界冠軍了（哎，這聽起來實在很洩氣）。要怎麼普通呢？ 我有兩種嚴重缺憾。首先，我的視力很差，當我在學校量視力時，我連最大的E字母都看不到。爸媽幫我買了一副眼鏡，但發現我只有一隻眼睛能得到校正。所以，一開始我就半盲了。

如果你根本看不到，那麼體育不可能太好。我的堂兄弟可說是運動健將，當他們丟球給我時，我只有挨打的份。只要有人丟球給我，我不是接不到，就是接得踉踉蹌蹌。我的母親總是笑著說，「如果地上有洞，賴瑞一定會掉進去。」

童年的另一大挑戰是，當我讀書時，所有的字母都會在書本上亂跳。閱讀無比困難；我也無法好好寫字。我父親曾經教我要把字大聲地唸出來，但我根本辦不到。我在學校不斷、不斷地挫敗。我的童年充滿挫折。甚至想過自殺。

直到多年以後，我才知道自己的狀況是什麼問題。當我大學畢業後，開始和一名特教老師交往。有天下午，我到學校找她，我從桌上拿起一本書，開始隨手翻了起來。而那一頁恰好跟「閱讀障礙」有關。當我清晰確認自己問題的瞬間，情緒變得很激動。我開始不停、不停地掉淚，這可不是我平常的作風。那一頁說明了為什麼我在人生中一直失敗。那一頁解釋了為什麼沒有人能了解我。所有關於童年的憤怒、羞愧湧向了我。我一直以為過去的早已過去了，但是像我這樣的人，或許很難擺脫童年所帶來的重擔與陰影。

在我成長的時候，沒有人聽過閱讀障礙，大部分的人都認定我又笨又懶。小時候，媽媽是最擔心我的人。每當我在課業上表現欠佳時，她就顯得相當憂慮。她會到好友葛斯博太太家哭訴，「賴瑞到底怎麼了？他什麼都做不好。他要怎麼辦？他要怎麼生活啊？」

但爸爸不擔心。他相信我，我自會找到方法讓他們能好好退休。這給我帶來很大的壓力。為此我十分憂鬱。

我們這個世代的猶太男人總是被賦予如此責任。

回頭來看，碧亞阿姨和她的家人帶給我很大的影響。碧亞和她的丈夫希米住在二十街遠外的好社區裡，他們的生活較為富裕。因為我和堂兄弟年紀差不多，因此媽媽和碧亞阿姨常讓我們玩在一塊。我的週末常和他們一起度過。那真是美好的時光。而且我發現，他們家的作風跟我們家不太一樣。他們總是說，努力去爭取你要的、想遠一點……這些價值觀深深刻印在我的腦海裡。

事實上，還有很多事情影響著我，只是當下你很難辨識出來。因為失敗，我必須很有創意。我喜歡假裝或想像事情的可能性，所以我從很小開始，就懂得裝模作樣，讓生活過得容易一點。我用想像力求生。好比有其他小朋友對我喊，「嘿，賴瑞你看！」不管他是指著天上的飛機或是馬路上發生的什麼事，我都會點點頭。當然，我在假裝。因為通常我什麼也看不到，但是我不想做不到別人都能做到的事，那就是「看見」。

我的障礙讓我理解到我有很強很強的想像力，並且很會運用它（這可能也是個解決機制吧）。舉例來說，有次老師要每個小朋友帶一篇新聞到課堂上共同討論。由於我不太能讀，因此也無法完成這項作業。當我緊張地等待老師點到我的名字時，我發現坐在我前面的同學在畫一架飛機。等老師叫到我時，我說我忘了帶那篇新聞來，但我可以口頭報告個大概。她同意了，所以我告訴全班——有項發明聲稱可以讓新型飛機以每小時五百哩的高速飛行。當然，這是我捏造的故事。只不過，另外三個同學說他們也讀到一樣的報導，所以我就不用繼續再演下去了。這可說是我的第一堂表演課。我看起來應該很有說服力吧。這件事給我帶來不少啟發。我發現自己可以編造故事，而其他同學也都相信了。他們因為我的想像力而有所獲得。當時我還不知道，但這或許就是我的長處，那就是隨時隨地去擁抱機會。

最後，想像力成為我人生的動力，並帶我離開黑暗的憂鬱情緒，讓我不再想什麼自殺之類的這等事。想像力讓童年的我找到解決之道，更重要的是，它讓我有機會看到別人無法看到的事，而我說的，是思考上的機會，而不是實際的視力。

直到我上了高中，才遇上更重大的轉變。我的成績一直在谷底徘徊，而行政單位希望把我轉到職業學校，因為他們認為我不可能上得了大學。首先，他們希望我和校外的教育專家碰面，那個人在紐約州會考單位工作。我拜訪了他的辦公室，而那位年輕、友善的專家讓我做了一次筆試。結果當然不盡理想。但他顯然看到我的某些潛力，因為他的態度丕變，說道，「我們試試別的吧。」他用口試的方法，讓我進行多選題的測驗，甚至用這個方法進行數學考試。一直以來，我都以心算為主（這對我來說比較可行）。因為當時不是在教室，所以我一點壓力也沒有。當我做答完畢，他看了答案許久，然後呼喚我媽進來辦公室。

「賴瑞的數學程度很好。他的抽像數學推理能力很強。」他說。

我媽當然很開心，她的直覺是對的。我們立刻趕到我高中校長夏皮洛的辦公室。我媽一直希望學校能理解，儘管我的成績很差，但是還是有某種潛力。「分數在這裡，」她將測驗結果拿給夏皮洛校長看，「事實證明，賴瑞很聰明。」

夏皮洛先生看了成績一眼，然後把椅子往後推，在自己和我們之間挪出點空間。「海特太太，有時候我們可以把馬牽到水邊，但是你不能逼馬兒喝水。」他一點想幫忙的意思也沒有。他大概只在乎自己十年後的退休金，而學校體系也不太可能真的幫得了我什麼忙，我只是群體中的一個學生。他打發我們走了。但是，當我知道自己的分數異常地高時，我有了信心面對學校課業與準備畢業，但這不代表我就能成功。事實上，這讓我提早面對現實，那是一個更混亂的世界。

在我們居住的社區裡，成績差的小孩通常都會做點偷雞摸狗的事。當時的工會與流氓是差不多的意思，這讓我覺得每個人都很不好惹。我父親得付錢給工廠工會，避免他們罷工，這已經變成做生意和生活的一部分。我知道很多人會待在自己的角落，裝出凶神惡煞的樣子。我也會幹一點壞事，好比在十五歲的時候，我就「借」爸媽的車去兜風。我也打了不少架，挨了不少揍。但我知道那些事都不適合我。因為如果我要跑給警察追的話，絕對沒有勝算，我很快就會撞到牆。

只不過，我還是試了不少方法讓自己度過高中生涯，像是有什麼東西在驅使著我似的。我喜歡找方法解決困難或是突破難關，這讓我覺得很刺激。當時我發現，有一位同學負責收集出缺勤名單給老師，另一位同學負責把這份名單交給教育委員會，我靈機一動，並看到新的可能。隨後，每當我想翹課時，我就會去撞球間（那根本不是我喜歡待的地方）攔截名單，所以，雖然老師會看到我的缺席狀況，但在教育委員會的名單上，我可沒有缺席。我為自己的小聰明感到驕傲。

因為紐約州會考的緣故，我得以順利畢業。那些標準的多選題讓我存活了下來。舉例來說，我的生物學成績從高中開始就不理想，老師警告我，如果沒在會考中拿到好成績，我就會被當。既然我不可能一直重複閱讀生物學，所以我從考古題、測驗題下手。我把前幾年的考古題全找出來，並花了整整一天的時間練習作答，並在小卡上抄寫題目和答案。結果奏效了。我在生物學會考上得了滿分。教務主任和老師都很訝異我能得到高分，畢竟我在課堂上的表現如此拙劣。

我也對這個結果感到意外，我開始研究自己為何能在考試得到高分。我想，那是因為我有強烈的動機。我非常希望這門科目不要被當掉，而這讓我努力研究各種過關的方法，儘管我有著學習障礙。當然，過往幾年的經驗也很重要。為什麼呢？如果你了解遊戲規則後，你就知道如何玩遊戲。此外，由於考試的形式是採用多選題，每一道題目都涉及了概率。不管任何問題都有五種可能的答案，其中，通常有兩個選項是明顯的錯誤。當你理解以後，你的選擇從五分之一，變為三分之一。這就簡單很多了。在我的練習裡，我會更加強得分的機率。我透過管理概率，通過會考，拿到高中畢業證書。這就是現在的我，面對生活與交易的方法。

幸運的是，我確實有幾個好朋友，而我也確實有展現幽默感的天賦，但一直到我大學快畢業前，我才懂得開始使用它。

我清楚記得，那次我們一群人想到一個朋友家玩，她住在城裡繁華地段的高級住宅區，車道上還有自己的籃球架。當我走到她家門口時，我絆了一跤，其他朋友都笑了起來。突然間我興致來了，我開始大講笑話和一連串的故事，所有人都洗耳恭聽。我知道他們都被我吸引住了，因為當我安靜下來時，全場鴉雀無聲。對我來說，這真是啟發人心的瞬間。

當我們在聊天的時候，我手中一直拿著一顆籃球。接著，我突然地將球往背後拋出，唰的一聲，球直入籃框。這真是奇蹟。所有人都嚇到了，但最震驚的是我。那時我才知道，即便我有著種種缺陷，但還是有可能成功。就算是我，也有和其他「普通人」交流的可能——你看到了嗎？我們總是可以透過一些小事找到自信。但是，我們必須先找到自己想下場玩的遊戲，並且一再嘗試。

NOTES

我高中時期的成就

- 畢業了，終於
- 沒有加入幫派

五十七年後，當我回到母校——詹姆士麥迪遜高中那個「犯罪現場」時，我讓我的高中同學又嚇了一跳。我們的母校位於布魯克林夫拉特布希區，我們有眾多傑出的校友，包括最高法院大法官露絲．拜德．金斯伯格（Ruth Bader Ginsburg）、歌手與音樂家卡洛爾．金（Carol King）、演員馬丁．蘭道（Martin Landau）、參議員查克．舒默（Chuck Schumer），以及總統候選人伯尼．桑德斯（Bernie Sanders）。我們的母校用一面玻璃牆妝點了傑出校友榜，表揚那些畢業於此的出色校友。我從未幻想過自己會出現在傑出校友榜上，但我的終生好友霍華德．佛里曼（Howard Freedman）認為我絕對有資格，他收集了關於我在投資與慈善事業的文章，還寫了短文推薦我。我真的非常感謝他。這對我來說是相當珍貴的一刻。我相信如果我媽看到肯定會大笑（或許也會大哭吧）——賴瑞．海特於二〇一六年，因其在慈善領域與交易業界的貢獻，登上了母校的校友榜。當我的同學阿尼（Arnie）聽到這件事後，不可置信地說，「賴瑞．海特？不會吧，他連走路都會撞牆呢！」

• • • •

面對自己的缺點，並且對失敗釋懷

我幹嘛一直講自己的糗事呢？因為失敗成為我的優勢，讓我做出更好的交易判斷，這也會對你有幫助。讓我再重複一次：失敗就是我的優勢！

沒有人想接受自己的缺陷。但是當你像我一樣，失敗已經像是家常便飯以後，你總會接受或了解，總有一天自己也會出頭的。這會為你的交易與人生打開一扇窗。失敗只是一個動作，一個可以抵消的動作。當我習慣失敗以後，我就更容易進行到下一個階段。我不在乎你是誰，或你是來自哪個領域，但是當你知道自己的缺陷並學會接受它以後，就可以改善自己的表現狀況。當我失敗得夠多、夠慘以後，我就釋懷了，失敗只是人生的一個變數。

想想「約會」這件事好了。芭芭拉·布希（Barbara Bush）[1]說，她和她的初吻對象結婚了。我想她很幸運。因為大部分的人在與完美對象結婚之前，恐怕與不少恐怖的對象接吻過。這就是人生。你不會因為幾個糟糕的約會對象就放棄愛情。我們總是在感情中遭遇失敗，直到對的時刻出現為止。愛情與完美無關，那也是機率問題。

你確實得有點膽量才可能成為專業的交易者或投機者。客觀來說，只要下注，就代表失敗的可能。**下注就是在不確定的情況下做決定。即便你的賠率是一百比一，那麼你還是有一絲贏的機會。**我玩了很多二十一點牌局才得到這個結論，那就是：如果你理解了失敗的可能後（也就是你有不少輸的機會），那麼你就知道何時該蓋牌、何時該開始下一局。當你懂得這個道理之後，你就能比其他人更快地離場，而不會掙扎地等待時局翻轉。

我認為好的賭局，就是你能決定不同的風險；而壞的賭局，就是你輸的遠比可能贏的還多。

因此，雖然有很多自助課程教你如何改變自己，但是

1　前第一夫人，其丈夫是美國第四十一任總統老布希（George H. W. Bush）。

我覺得你可以從已經擁有的起始點做起。你可以看看手中的牌，不管它們是好的、壞的。玩好你手上的牌。學習你的缺點，並且擁抱缺憾，因為這就是你——你可以染髮、你可以戴變色鏡片改變眼珠的顏色，但你不能改變你是誰或你的基因。我只想問你：是否知道自己是誰？任何誠實的人都可以花一個小時就知道自己的缺點在哪裡。試試看吧。

了解自己缺點的另一個好處是，你會知道什麼事行不通。因為失敗不代表某個行動永遠不可能成功，只是說明了你行動的時機不對。如果你能發現失敗的原因，那就等於在下一局、下一場比賽中佔了上風。

有一個故事可以完美說明我的哲學：身為一個單親媽媽，ＪＫ羅琳在孩子入睡之後，開始撰寫自己的第一本小說《哈利波特》。她花了六年的時間寫作，並且被無數出版社拒絕，最終，她成為有史以來最暢銷的小說家之一。二〇〇八年，她在哈佛大學的畢業典禮上講到，「為什麼我要強調失敗的重要呢？因為失敗代表我可以拋下不必要的東西。我可以不用假裝自己是另一個人，並將所有精力投注在真正重要的工作之上。假如我在其他地方成功了，或許我就沒有決心嘗試自己真心企盼的文學領域。我終於自由了！」

在她演講的不久之後，我和一群比較沒那麼成功的學生做了一場很類似的演說。他們不是常春藤名校的學生，而是布魯克林區愛德華米路高中的特教學生。以下是我與他們分享的一段話：

當我還是個孩子的時候，我想過要自殺。因為沒人可以明瞭我在經歷什麼。你可能以為你自己是笨蛋。但你不是。只不過，一切都像在地獄一樣。

很多人會放棄你。當時，我不能讀書，因為我眼睛的問題，以及閱讀障礙的問題。但是，我有很好的想像力……你不用眼睛就可以擁有想像力，因為那個能力來自你的內心深處。

我必須為自己著想。否則其他人會把我丟到垃圾桶裡。我知道，我必須求生，我必須在可行的範圍內冒點風險。我必須想辦法，但我不會寫。所以我用想的。

你可鍛鍊自己的頭腦。你必須要有目標，因為目標會讓生活簡單一些。當你的生活簡單了，你就有贏的可能。

鍛鍊頭腦的目的之一，在於建立「錯誤預估」的機制。

當你能很好地判斷錯誤發生的機率時，你就更可能做出好的（正確的）關鍵決定。請你理解，我們都是人，很容易犯錯。我看過太多絕頂聰明的人，因為他們太習慣自己是對的，最終搞砸了自己的生活。我沒有接受菁英教育的束縛，也不追求完美，因此我很早就知道即使在美國最優秀的學校，他們也無法教你如何在人生裡做出好的決策：凡事沒有簡單的對錯答案。因為我們在學校學不到真正判斷機率的方法，所以學校把我們當掉。這很奇妙吧？

知道自己需要什麼？渴望什麼？

當你知道「自己是誰」以後，就能知道你能做什麼、你成就過什麼、你的能力在哪，以及你的缺點在哪。這只是開始而已。接著，你必須知道自己想要什麼。我必須強調「知道自己要什麼」是最重要的，你必須為未來一個月、一年、一生，設下目標。這是因為你的成就取決於你的目標。如果你無法設立任何目標，就不可能得到任何東西。我需要成功，這是我的目的——成功。「渴望」是最強的動力，因為你有需求，才會建立渴望與目標。找到自己需要的，並且對自己誠實，接著將想像發散得越大越好。

成功的人知道自己要什麼，並且對目標充滿熱情。我常要年輕人寫下自己的夢想。但是這對已經不年輕的我們也很重要。寫下你人生中五到十個目標，接著將紙條放入抽屜內，每隔幾個禮拜就好好檢視一下自己所寫的目標。你可以重新定義它們。縮小範圍。接著為你的目標排序。現在，你已經慢慢懂得我的運作系統了。

但是，這並不簡單。避免設定目標是人類的天性，因為目標會迫使我們平衡互相衝突的慾望。當我們寫下目標時，等於強迫自己不要看最新的Netflix影集，或是玩最新的iPhone。你必須堅持不懈，不然肯定會失敗。有好幾年的時間，我渴望有錢，但又希望自己每天可以睡到中午，並且不必穿西裝、打領帶去上班。但沒錯，我幾乎忘了，假如我真的不想工作，那也可以根本不要去上班。最後，當我理解自己的目標後，不同的想法自會取得平衡，你也會在我的故事裡，不斷看到類似的過程。

當你設下目標後，問問自己是否有完成目標的慾望與需求。如果答案為是，那麼你很幸運，你的生活將比其他人簡單很多。假如你有很清晰的目標，這代表長遠來看，你會知道自己真正渴望什麼。你會知道在每個決定之後，你距離目標更遠或更近。找到你的慾望與需求，並將人生奠基於此，畢竟，這就是人生之道。

當我認識到「投資」這門學問時，我知道這將會成為我的職業。為什麼呢？因為投資可能會帶來財富，而我的目標正是變得富有。但是同時，投資也很有挑戰性，你會遇到有趣的人，而市場不在乎你來自哪裡、不在乎你是否有學習障礙或視力障礙，也不管你是黑人、白人、猶太人、是胖是瘦、是異性戀或同性戀。市場不會批判你。就像我們會在布魯克林街角所說的：這裡根本不在乎你是誰。但是相對的真理是：你可以在不欠市場任何東西的情況下，變得超級有錢。

我熱愛投資，因為投資只關乎「事實」，而且我可以做我自己。而結果還不錯，我有所求，而我也得到所求；我也過上不錯的生活與得到許多樂趣。假如你如此鍛鍊自己的心智，你也可以擁有如此的生活。按照我的邏輯與原則，或許你可以賺到上億美元（機會不大），或者賺到上百萬美元（機會較大）。無論如何，你可以將這些我得來不易的見解與教訓，當作我們共同的起點。

第二章

找到你感興趣的領域：我的交易教育

Find the Game You Love: My Education as a Trader

當我年輕時，我不知道怎麼養活自己、養活我未來的家庭，以及養活我退休的爸媽（後來我曾告訴父親，指望我可以負擔他們的老年生活實在是一個很糟糕的賭注）。當我高中畢業時，根本沒有任何理由能說服我去念大學。事實上，有很多理由都促使我放棄大學，畢竟那裡不能讓我學到更多，但是因為爸媽（主要是我媽）不斷拼命灌輸我上大學的概念，所以我確實去試了。

我上了一間不怎麼有名的大學，並且很快就決定放棄。我回到紐約市，一開始在佩斯大學拿點學分，接著是新學院大學，但也沒能念很久。我實在無法看出大學對我有什麼幫助。但是為了父母，我還是咬牙苦撐。

NOTES

下注無悔

曾經有一次，美國納粹黨的喬治・洛克威爾（George Lincoln Rockwell）要在紐約市舉辦遊行。我心想：我可不能讓這傢伙在這座城市大談殺害猶太人的種種。當時我十九、二十歲吧。

我找來一些在海軍和陸軍服役的朋友。我們走進一家活動現場附近的小雜貨店，劈頭就問老闆，「我想買光所有的番茄，你怎麼算？」他看了看我那些大塊頭的朋友，眼神看起來很困惑。恐怕從來沒有人問過要多少錢才可以掃光他的番茄吧。他講了個數字，我立刻同意了。

此時，洛克威爾已經聚集了大批人群，他站在講台前。他周圍看起來有大半都是因憤怒而來的猶太人（紐約市絕對不適合納粹黨遊行，但或許他就是想引起人們的注意和憤怒）。我們開始朝他丟番茄。幾乎所有人都在做同樣的事。洛克威爾繼續講，番茄也不斷地朝他飛。我們讓他很難堪，也很清楚讓他知道，自己如何不受歡迎。

當我伸手想掏出最後一顆番茄時，另一個傢伙也正巧出手。我看了看那位年輕的陌生人。後來我才知道他根本就是波蘭人，不是猶太人，他根本不知道自己為何要站在那，或是為何要跟我搶同一顆番茄。我們開始推擠，警察把我們兩人及另一個朋友丟進拘留車中，車子裡全是跟我一樣憤怒的猶太人，有些人的年紀老到似乎還曾在二戰中對抗過希特勒。最後我們進了警局，被警方起訴。因為那個波蘭小伙子，我們被送到少年法庭，直到父親的律師把我們保了出來。

總之，即便這種抵抗很微小，但我記得清清楚楚：我向那個納粹丟番茄，還因為最後一顆番茄和波蘭小子打了起來。我把這件事歸在我的「下注無悔」專欄裡。毫無疑問，你也可以建立一個像這樣的專欄，當人生中需要面對一點（小）賭注的時候，你就能將它們從記憶中召喚出來，增強你的勇氣。

我希望賺進很多財富的目標仍然不變，但眼前有個嚴重的障礙：我不想太過辛勤的工作，我也不想做任何自己不想做的事。由於我根本不想勉強自己做不想做的事，因此想賺大錢實在不容易。

另外，我也需要現金來維持生計。於是，當我朋友的爸爸，一位在油漆工會人脈很廣的長輩給了我們這些小伙子一個賺錢機會時，我立刻就把握住了。朋友的爸爸說，某個房地產開發商希望趕在新的租金法案通過之前，重新裝潢格林威治村、蘇活區的公寓，並趕快把它們租出去——因為新的法案限制了他們可以收取的最高租金，任何在截止日期之前租出去的公寓，則不溯及既往。無怪乎所有人都想奪得這個商機。

工會代表把我們帶到一棟大樓，裡頭所有的房間都已完工了，只剩下修整門框處的油漆。這意味著我們必須先用金屬刷子清掉多餘的水泥。每完成一間公寓，他會給我們3美元。只不過，我才動手處理幾扇門框，就知道自己不擅長做這種事。

突然間，我想到了一個點子。我問我朋友是否能開車載我到波威里街。在那個遙遠的六〇年代，臭名昭彰的波威里街上，站滿（或睡滿）無家可歸或是即將無家可歸的人。我四處問「有沒有人想賺點小錢」，並要他們到格林威治村的公寓和我碰面。我很驚訝真的有幾個人來了。我承諾他們每個人完成一間公寓時可以得到2美元，我幫他們買了刮刀，教他們一點基本技巧。他們很開心能得到這個工作機會。整個夏天，工作都進行的很順利。我團隊裡的每個人每處理一扇門可賺到2美元，而我賺1美元——也就是50%的利潤。

九月時，我的朋友們在大熱天辛苦地刮除油漆、重新上漆，但每人只賺了幾百塊。而我完全不用工作，就賺進了幾千塊。這是我第一次用很少的力氣，賺進一筆可觀的收入。我很興奮。事情傳了開來，地方工會（也就是那些流氓）對我的能力刮目相看，他們想讓我負責一些其他「項目」——犯罪的幼苗又在此刻開始滋長，但我立刻知道這不會有什麼好下場。

當時真正讓我感到有興趣的事情，就是表演。在我成長的過程中，開始很懂得假裝，甚至在舞台上也能表現得不錯。而且就像我說的，我還滿有喜感的。我開始參加試鏡，並在格林威治村做些脫口秀與即興表演。表演對我來說很有趣，因為我也沒有什麼真正的才能。而且，當藝人不是可以賺很多錢嗎？我想試試看，但心中總還是有些包袱——我還在掙扎著要不要繼續念大學。

這個時候，我盤算唯一可能肯收留我的學校，應該是紐約商業學院。我對商業沒興趣，但是行政人員向我保證，只要我能修五堂商業相關課程，我就能上寫作與表演課，並且拿到畢業證書。這就是我想做的。我邊上課，邊參加試鏡，希望能夠得到一鳴驚人的機會。當時電影是最賺錢的，所以我和另一個夥伴寫了不少劇本（我從來無法獨自寫完），甚至還賣掉幾個劇本。只可惜，我的劇本從來沒能得到開拍的機會。

NOTES

一位（沒念過商學院）交易員的職業生涯早期經驗

- 利潤，是別人付錢買你根本沒做的勞動之剩餘部分。
- 理解對手的行為動機。
- 如果缺乏現金，想辦法找到資金槓桿。
- 當大家都在笑時，看看誰沒笑。

當我終於在所謂的「電影」裡軋上一角時，我徹底醒悟了。拍電影相當辛苦、疲乏。可能在拍完一場戲後，有人發現燈光打錯位置，一切就得重新來過。接著，其他東西也可能出錯，所以就是一而再，再而三的重拍。這太折磨人了。我喜歡即興的時間感，但拍電影不是我擅長的。假如我根本不可能成為電影明星，那麼又何苦呢？

我的表演生涯就此終結。我確立了停損點，但還是有一點收穫。當演員時，我學習了「方法演技」（method acting）[1]，這為我往後的人生帶來莫大益處。方法演技源自一九五〇年代活躍於紐約的李・史特拉斯堡（Lee Strasberg）；這種表演方式鼓勵演員去探索角色內在的情感生活，這代表你必須了解角色的目標，以及他（或她）希望如何達成這個目標。基本上來講，方法演技教你理解他人的動機，而我也運用這個方法進行投資與交易決策的判斷。怎麼說呢？因為人類的天性，也就是我們那類似蜥蜴的小小腦袋驅動了整個金融市場。我們的渴望、需求、貪婪、恐懼、野心與創造力，推動了供應、需求、趨勢、熱潮與跌宕，而歷史總是一再復返。

對當時的我而言，最重要的問題是，既然我的演藝生

1　意指一種完全融入角色中的表演方式。

涯不了了之，那麼我該如何賺大錢呢？我需要找別的出路，但是卻毫無頭緒。

某天，在經濟學的課堂上，一位身形矮小、穿著得體、言談幽默的康州男教授意外地幫我點了一盞明燈。他以普通經濟學教授會有的樣子，向我們介紹股票與債券市場。接著他談起商品期貨交易。普通讀者或許很陌生，但所謂的「商品」，指的是農產品原物料、燃料與金屬，此類商品在全球進行交易，並轉換為食物、能源、衣服與上萬種商品。當你購買股票時，你僅擁有該公司的一小部分。但由於我們不可能真的買進大桶的原油、玉米、可可或糖，並將其儲存在自家倉庫、等待賣出，因此商品期貨市場的交易者們買賣的是一張「未來合約」。基本上來講，他們是在賭該商品未來的價格走勢。許多人認為這類交易的風險很大，儘管他們對細節一無所知。

教授說，商品期貨交易是最瘋狂的市場，因為你可以利用大量的槓桿進行交易——也就是用借來的錢交易；有時候你僅需要支付交易總額5%的現金。他一講完，我的大腦瞬間清醒。他的意思是說，如果我的保證金戶頭裡有500塊，那麼我就可以進行1萬元的商品期貨交易嗎？這聽起來完美到令人難以置信。

然而，教授不那麼認為。他認為商品期貨交易市場的風險太過巨大。「許多人用5%的保證金進行交易，有些人甚至連那筆錢都是借的。」他不置可否地說。全班笑了起來，只有一個人沒笑，他走出教室門，並成為百萬富翁。那個人正是在下。

我認為那些看似瘋狂的交易員非常聰明。他們只需投入一小部分資金，就能使用便宜的融資達成鉅額交易。這有什麼好笑的？用「別人的錢」投資聽起來很不錯。再者，當你放5%的現金在保證金帳戶時，你存的可是美國國庫券。如果國庫券的利率是3%，那麼保證金存款的實際成本就不是5%，而是2%。那是很便宜的錢。而且我必須提醒你，這不是什麼深奧的數學，僅是簡單的計算（這也是我早期學會的技能之一）。基本的計算能力將能讓你反敗為勝。

事實很明顯，在期貨市場裡，你不需要打造自己的帝國。你可以是羊頭灣的小鬼，不花一點力氣的借點錢，並在下一次交易時付清。這對我來說滿聰明的。我開始意識到，我的教授不懂把錢投入一種商品，和持有一個有二十種商品的投資組合之間的風險差異。如果你只賭單一商品，那麼它下跌5%的機率頗高，但是如果你賭二十種商品，那麼它們同時下跌5%的機率則非常的低。

我開始拼命學習商品期貨交易。現在大部分的人都認為這個市場相當危險、多變。但是多年以後，以我個人的測試與數據分析來看，商品期貨的風險並不會高於股票。是的，沒錯，但商品期貨的波動似乎特別會讓人感到恐懼。

舉例來說，農業原物料受氣候的影響很大。春天尾巴的一場巨大冰風暴可以毀掉一整季的作物，並使其價格迅速攀升。再加上我們還得同時思考地緣政治的因素：由於原物料是在世界各地生產或開採，可能遭遇戰爭、暴力、關稅、運輸障礙與政府補助等影響而讓價格有所波動。因此，交易者可以透過預測價格變動而得到獲利——如果他們認為價格將上升，那麼他們將會做多，這代表以低價買進，然後高價賣出；如果他們預測價格將下跌，那麼就會選擇做空，也就是先借錢賣出之後再以商品支付，那麼等到價格下跌時，就能進行套利。當然，我再重申一次，這種交易的美妙之處就在於你可以用槓桿的方式來進行。

在《哈姆雷特》中，波洛涅斯對他的兒子說，「不要向人借錢，也別借錢給別人。」莎士比亞或許是天才，但我不認同這句話。做生意的人就是該借錢。為什麼呢？因為如果你有錢，就可以運用槓桿作用得到好處。沒錯，我知道「槓桿」一詞讓人害怕，特別是在交易界，因為如果你輸個精光，他們就會以「追繳」(margin call) 的名義，來收拾你的家當。

但如果你能以自己的方式去賭，並且只在「可以接受」的範圍內輸呢？如果你投注二十個項目取代只投注一、兩個，以減少風險呢？這樣的風險自然小了很多。那麼假如當價格下跌，你立刻停損，並且不冒超過自己可承擔範圍外的風險呢？這些正是讓我賺到上百萬美元的交易基本概念。但在此時，我才剛剛開始入門這個遊戲。

我在大學生涯裡，還學到一件事。有段時間，我和另一個同學做起銷售學期報告的生意。我找到了幾篇不錯的期末報告，重新修改了開頭的陳述和結論，並調換了一些內容。當時我和許多認識的人一起修同一門課，我發現，雖然作答內容半斤八兩，但是有人得到高分，有人卻低分掠過。那麼為什麼有人的分數比較高呢？我認為原因就在於老師並沒有仔細地閱卷，另一個原因則是看老師和誰的關係比較好。這讓我重新思考了「試卷」市場。這個市場顯然不是很有效率。當然，在此之後我就知道沒有任何市場是有效率的，畢竟所有玩家都心懷恐懼與貪婪，市場如戰場（之後我將會破除你對「效率市場」的迷思）。

• • • •

透過對市場和交易的頓悟，我找到了自己的目標。我想成為這些瘋狂市場上的交易員，但我還不知道該如何進場玩這個遊戲。等到我大學畢業後（我隨意地讀了六年），我找到一份推廣搖滾樂團的工作。我負責幫樂團們談生意，並且從搖滾酒吧的門票內抽成。

一九六四年的一晚，我在東村常逗留的酒吧內遇見了披頭四的經理人布萊恩．愛普斯坦（Brian Epstein）。我很喜歡他，且永遠不會忘記他。我們有很多共同之處——我們都是猶太工人階級家庭出生，他的父親擁有一間小商店。愛普斯坦說自己要賭披頭四一把，畢竟他無法為了推廣這個樂團而搞到破產，當時披頭四已經巡演過利物浦與英國大部分的重點表演場所，但假使他們真的變成世界知名的樂團，那他就發財了。最棒的是，假如這件美事落空，他還有B計畫（你永遠需要B計畫）。他父親在老家有間滿受歡迎的唱片行，他可以回那裡工作。當然，他的投資報酬率非常高，可惜好景不常。雖然他有效管理了職業生涯的風險，但卻不顧個人生命的風險——他濫用了太多的藥物和酒精。一九六七年，他被發現因過度用藥而死於獄中，享年三十二歲。他的死讓我感觸良多。面對風險，我們必須非常聰明，但以自己的性命當作賭注，顯然很不聰明。

我的搖滾樂經紀人事業並沒有持續太久。在某個週末，我經常逗留的那間搖滾酒吧在一個晚上發生三次槍擊事件，我手上最優秀的一位音樂家因此鐵了心不幹了。這對我來說是極大的損失，也讓我了解到音樂產業的風險遠超乎個人可控制的範圍。因此，我決定進入夢想已久的交易圈。如我先前所言，我對那個世界一無所知，但我知道，我得入門了。

一九六八年，當我得到證券經紀商——愛德華與亨利（Edwards & Hanley）的雇用時，無疑讓我有了一窺堂奧的機會。我的工作是負責收取股票訂單的櫃檯小職員（我做的不是很好），也負責幫老闆把車子牽去洗。但最後我當上了經紀人，因為他們覺得我頗有銷售天份。他們並沒有看走眼，我的確很會賣股票。但是這份工作太無趣了。在這家經紀商裡，他們打扮得很稱頭，也都是出自於名校背景。雖然這麼說有點惡毒，但他們對未來的預測往往大錯特錯，並且喜歡用華麗的辭藻，去掩蓋簡單的數學概念。

我是怎麼發現自己不適合這裡的呢？在我上班的第一

天，我隨口和客戶說了一句「好賭注」，結果經理氣急敗壞地跑來跟我說，「我們愛德華與亨利是不賭的。我們不是賭場好嗎！」

我善用表演技巧讓他知道我懂了。但是回家後我反省了一下，認為經理的解釋無法消除我的疑惑。我很快就發現，所謂的「藍籌股」（blue chip）一詞，是來自蒙地卡羅的賭場，因為那裡最貴的籌碼就是藍色的。而藍籌股既然是股票市場中最貴的商品，那麼代表該股正是你可以投資的最貴和最安全的物件。但這也說中了我一直狐疑的事——所謂的股票市場根本就是賭博，只不過賭的是「賠率」罷了。既然我確定老闆的想法是錯的，那麼問題是，「我要怎麼利用機會反敗為勝呢？」

我在愛德華與亨利經紀商一年可賺4、5萬美元，但是我不想要成為「華爾街迷霧」的一部分，而在那種障眼法之下，是投資績效拙劣的事實。我不想要和老闆與客戶打交道。也不喜歡銷售工作。相反的，我對研究比較熱衷，我喜歡測試與學習自己的投資想法，並且不受任何政治因素或大眾的需求與渴望的干擾，這些對我來說都不太理智。

不久之後，我認識了傑克・博依（Jack Boyd）這名交易員。在當時，大部分的期貨交易者都是在個別市場中買賣商品。買糖的不會跟買麵粉的人交流。在我認識的人裡頭，只有傑克同時握有數種商品，這對我來說很誘人。我問他可不可以幫他工作，他說好，並給我2萬美元的年薪。我父親認為這麼做很蠢。但我不在乎。當我們年輕的時候，你可以賴在爸媽家，或者找個室友一起住，只要你清楚知道自己該往（或想往）哪裡去。

檢視賠率

我在杜邦葛洛瑞佛根公司（DuPont, Glore Forgan Inc.）為傑克工作，並開始了新的學習過程。傑克並不是特別有科學頭腦，但他用的方法讓我倍感興趣——只要他看到趨勢變動，他就會跟進；假如趨勢走向不對，他會立刻離場。他沒有稱自己為「趨勢交易者」，但他的作風卻與趨勢交易如出一轍：停止壞投資、持續好投資。當市場價格走低，他會立刻砍掉部位，毫不留戀；當有商品價格走高，他會立刻建倉買進，不問緣由。他四處投注，分散風險。他不用所謂的「專業分工」，並且在多個市場內買賣。我計算了一下他的交易，發現他一年的利潤近20%

之譜。他輸了不少，但賠錢的是都是小筆交易。但每年都會有一兩筆交易為他帶來主要利潤。這真是一大啟發！

我想用傑克的方法投資，只不過，要以更科學的嚴謹程度來操作。我比較相信科學方法，也就是要測試你的假設是否正確。為此，我在廚房的桌子前坐下來，仔細推敲。我想測試自己的想法，並發展出一套數學規則，以便找出何時該進入市場，何時又該離場。

由於我不懂經典的數學原理，因此得找出一個較為簡單的模型進行研究。最後我找到愛德華・索普（Edward O. Thorp，數學家轉行做交易的實例）在一九六二年出版的經典著作《擊敗莊家》（*Beat the Dealer*）——索普測試了上千種二十一點的可能性，並發展出一套算牌系統，讓任何人都能夠透過這個方法計算自己的賠率、增加贏錢機會。索普在麻省理工學院使用一部體積將近有一個房間大的電腦，測試這個數學模式。

我不會用電腦也不會輸入資料，基本上我就是一個閱讀障礙者，你無法要求我做超出能力範圍的事。但是我對索普的系統與賠率概念很有興趣。我們家族的人都會玩牌，而且幾乎是天天都在玩。我父母也經常邀請親友到家裡來小玩一把。是的，或許我沒有操作電腦的優勢，但是我對玩牌與算數還頗在行的。

此時我已經快三十歲了。那是個夏天，所有人都在往海灘跑，但我卻像個綜橫棋場的棋手，只要一有時間，我就玩阿拉斯加接龍，這個接龍遊戲有一個特殊規則，就是你可以每個回合都翻牌，而不是每三張翻一次。我就這麼學習賠率。我發現在某種情況下，你確實會輸。這聽起來是廢話，不過先別急。即便擁有每張牌都可以翻的優勢（而不是每三張），但我還是有可能會輸。即便我抓緊每一個可以贏的機會，甚至改變規則，我還是會輸。這對我來說不啻是當頭棒喝。我證明了「輸是無可避免的」，即便你萬事俱足，但畢竟你也知道有輸的風險。我開始思索。我要如何準備好「無可避免的輸」呢？

四種賭注

許多人認為，賭注有兩種：好注和壞注。

但根據我的早期經驗，賭注實際上有四種：好注、壞注、贏注和輸注。許多人認為壞注代表會輸錢，而好注會贏錢。但是這是錯的。**好注與壞注指的是賠率，贏錢與輸錢則是結果。你無法徹底控制結果。但是你可以控制兩件**

事——你下的賭注和你承擔的風險。

假設現在有兩支實力相當的球隊要比賽。一個朋友用1塊錢和你賭他的隊伍會贏。如果你接受了，那代表你有五十比五十的機率會贏。你的風險是1塊錢，而最後有可能讓你的資產變成2塊錢。這是好注。為什麼呢？因為你只會輸1塊錢。你應該可以輸1塊錢吧？但你願意冒10塊錢的風險賺到20塊錢的潛在報酬嗎？或許吧。但是你敢花100萬去拚五十比五十的賭注嗎？對很多人來說，數字越大，就代表是風險過大的「壞注」。但對貝佐斯來說，他可以沒有懸念的花100萬去賭，因為他有1,500億美元的資產——這正是你如何思考賭注與賠率的方式。

現在，假設我把一塊板子放在地上，告訴你：若你肯從這塊板子上走過去，我就給你100萬美元，如何？這是超級好注吧！但假如我把這塊板子放在兩棟曼哈頓大樓的五十樓之間，外頭的風又很大，此時你覺得呢？

假如你都下好注，那麼只要時間一長，平均率一定會站在你這邊。但別忘了，「你還是會輸」。因為對這個充滿未知的世界來說，機率準則幾乎不存在。我既然已經明瞭這點，就抱持著「不管如何下注都可能會輸」的心情。

請注意：最糟糕的事情之一，就是讓你在下了壞注之後，卻幸運的贏錢。舉例來說，你過馬路時一直在滑手機。這是壞注。你很有可能被根本沒在管方向盤的老傢伙撞到。結果呢？你的運氣很好，沒丟掉小命。但事實上，你並不幸運，因為這正是你對風險越來越不敏感的開始。接下來呢？你有可能會繼續冒冒失失，直到被公車撞上為止。假如你一直狂下壞注，那麼最終的平均率會讓你敗光積蓄。學校永遠都不會教你這樣的道理，但現在你可以牢記在心了。上述種種，都是簡單而深刻的人生道理，而且你可以將之應用到生活中的各個領域。為什麼呢？因為每天我們都會以時間或金錢下注，也會用精神與愛下注。當你把時間與精力投注在某個人身上時，你有多少機會可以擁有一段快樂與健康的關係呢？你又願意輸掉多少時間與精力呢？當你處在人生的不同階段時，這個問題的答案自然也會有所不同。

我在本書的前言中，要你早早進場，而在最後一章，我會告訴你：為什麼要了解自己。現在，我要請你思考自己「想進入哪一個市場」，你最好選擇你所愛的領域，因為這是迎向成功的好注。為什麼呢？因為如果你覺得它有趣，就不會介意多花點時間在它身上。當我們花時間在所愛事物之上時，那就稱不上是在工作。我很幸運找到「交易」這門領域。對我來說，可以邊睡覺邊找到方法賺錢，實在是很棒；我很樂意從事這樣的活動。

第三章

算對機率：你的時間與機會邊際

Working the Odds: Your Time and Opportunity Horizon

在一九七〇年代中期，我退出傑克的公司，轉往漢茲期貨公司，由於事情發展的並不順遂，這讓我興起自己當老闆的念頭。我開始進行小規模募資，並找到幾個願意出5到10萬美元的投資者。我操作的幾檔基金都運作得還不錯，這讓我初嚐成功滋味。

但是要進入下一個門檻就不是那麼容易了。我沒有名氣，也沒有超級人脈，不大可能弄到大筆資金。即便我可以讓投資者的錢翻上一倍也沒有用。而且當我提到「期貨」這個詞時，別人都覺得那是瘋子才會玩的投資；再者，我操作的是大宗商品市場，這更會讓人覺得風險倍增。儘管我費盡唇舌，他們也無法理解以數學概念來講，那遠比股票市場來的不具風險。

我開始理解到，我需要一點技巧才有可能促使投資人買單。某天，我碰巧在當地一家經紀公司發現一本篇幅達十二頁的小冊子，上頭寫滿關於期貨交易對稅務的影響。那個週末，我人在紐約近郊的法爾島（Fire Island），我撇下朋友，獨自坐在碼頭上整整三小時，仔細研讀那本小冊子。我讀了很久，不僅僅是因為我有閱讀障礙，也因為其中的法律條文過於艱澀，每行字似乎都意有所指。當我讀完時，我終於理解，我可以讓投資人透過納稅申報單，將他們的普通收入轉換為長期資本收益，並藉此幫他們節省大量資金。當時美國最高的所得稅稅率是70%。相對的，資本收益稅率要低得多。根據具體情況，這個作法可能有高達四比一的沖銷，這意味著在我的基金中投資1美元，就可以使某人沖銷4美元的收入。我還發現一種將損失從資本損失改為普通損失的方法，這將會是更好的扣除額——這些都是合法的，而大型金融公司早諳此道。

我向律師賽蒙・拉芬提出這想法（我們常打趣說我應該是一位很好的稅務律師），他看了那本小冊子，也證實我的想法應該可行；接著他就著手進行相關的法律工作。當我和賽蒙一起工作時，常常感覺到一加一等於三。

對我的公司來說，這個想法是一個重要的轉折點。我們的服務很特殊，投資人開始想把資金交給我們。而這正是重點。不久之後，我們就得以管理將近500萬美元的資金，然後就是1,000萬美元，其他公司都試圖要模仿我們。

一九七〇年代初期，用來做培根肉的豬腩，吸引了大筆的交易資金。當時這個市場才發展約莫十年。[1]當時，肉類包裝商提出了一個絕妙的主意，他們將豬胃壓入四萬磅重的巨大冰板（體積比某些房子還大）。養豬業向來非常不穩定，但是在有了標準化的冷凍設備後，肉類包裝商就可以將商品長期存放，並透過更好的供應控管，以保護自己免受過剩和短缺的風險。年輕讀者可能不知道，艾迪・墨菲（Eddie Murphy）和丹・艾克洛德（Dan Aykroyd）在電影《你整我，我整你》（*Trading Places*）中，成功地把

1 一九六一年九月，芝加哥商業交易所推出「冷凍豬腩期貨」（Frozen Pork Bellies Futures），這是第一個冷凍肉類期貨商品。

豬腩變成期貨交易市場的代稱。

當我開始交易「豬腩」這項商品期貨時，我發現了一個趨勢：如果你在秋天買進，七月賣出，有很大的機率會賺到錢。沒有任何專家可以解釋這個說法背後的原因。我開始學習、研究肉類生產，並發現美國消費者喜愛在夏天烤肉，因此會消耗大量培根。當然，他們也吃了不少培根三明治。這解釋了豬腩需求會在七月上升的原因。此外，我還學到在夏天時，豬隻因為在過熱的貨車內運送，往往造成大量死亡，因此供應會下降。但別忘了：我不需要告訴市場該怎麼做——我讓市場告訴我該往哪裡走。我想方設法證實自己的觀點，並準備好實踐。

問題是，我的現金不多，因此我採用「OPM戰術」，也就是用「別人的錢」（Other People's Money）——我邀請其他人投資。

請記住：大多數的人並沒有時間，也沒有專業能力去理解「如何投資」，但假使你做好功課，擬定計畫，並選對時機，就有可能說服別人投資你，並將這些資金轉化為你的第一筆投資成本。很多人都是如此開始的，不管是在投資市場或是做生意都一樣。有一個故事是：某個男人問了一百個人，是否願意投資他開第一家餐廳？其中，有七十五個人拒絕了，有二十五個人點頭說好。數十年後，他在美國的東西岸都有了自己的餐廳——假如他沒膽子踏出第一步去尋找投資者，一切就是夢幻泡影了。這正是我如何做第一筆交易的經過。我向親友募到10萬美元，投資我的豬腩交易。我自己先付10%的交易費用，然後按績效表現向投資人收取20%的服務費——這意味著我可以獲得30%的收益，卻只要拿出10%的現金。我把資金翻了一倍。接著，10萬美元變成25萬美元，這在當時可是一大筆錢。這樣的交易對我來說很容易，因為我可以「接受自己的錯誤」；我也喜歡期貨交易的速度感，這就好像我開著一輛裝上賓士引擎的福特汽車出去比賽。

• • • •

令我訝異的是，我並沒有因為大賺一筆而感到開心。事實上，我感到害怕。一直以來，身體上的缺陷束縛了我。現在我打破所有人的眼鏡，並且得到超級報酬。接下來，如果我失敗了，就再也沒有藉口可以搪塞——但這正是我的問題核心，我開始覺得自己與別人對我的期望愈來愈高。就連我當時的女友，也開始對我施壓——她告訴我現在已經有足夠的存款可以籌備婚禮了（我並不想啊）。我還沒做好贏的準備。或許我是害怕手中的自由吧。「無所不能」有可能是非常可怕的感覺。如果你失敗了，該怪罪誰呢？如果你做錯選擇了呢？你必須自己找到幸福的所在。要變有錢原來不難，那幸福呢？這完全是兩件事。我還沒準備好。

很自然地，我一下子就把錢輸光了。

接著，有一個做玉米期貨的傢伙來找我，他準備好大賺一筆，並要我一起加入。他對玉米無所不知，而且最重要的，我相信他的判斷，於是跟著他投入市場。結果事實證明，他的看法是錯的，我甚至輸到連本金都不剩。

雖然理論上來講，那是個好注，但是一場暴雨引發全球總產量最高的農作物——玉米的現貨價格暴跌。而乾旱則會讓大部分農作物死亡。

我驚恐地看著玉米期貨的暴跌。我的錢每一秒都在蒸發。我賭得太大了，甚至超出我能欠的金額，我有可能永遠都無法恢復。我沮喪萬分地走出辦公室，來到樓梯間。雖然作為猶太人，我們不常下跪，但我還是跪下來禱告，「主啊，請祢不要讓我負債！」我懇求。「沒賺沒關係，但請讓我打平離場吧。」那時，一群瑞士人剛好走下樓來，看到一個穿著邋遢的年輕猶太人跪在地上禱告，他們想必很吃驚吧。我看起來應該非常可笑。

「先生，你需要幫忙嗎？」其中一人問道。

我忙不迭地站起身來。「謝謝你，不用。」我回到辦公室準備迎接審判。

最終，玉米價格小幅回升，所以得以讓我打平離場。我不知道那是怎麼發生的。或許上帝回應我了吧，也或許那純粹是一點點的幸運。但我知道，我只單方面地聽信玉米男的建議，卻沒有做任何功課。但更重要的，這是一門風險課。我理解我賭得太大，根本超過我能輸的範圍。我太過樂觀地估算賭注（很多人都是如此），而沒想過最糟的局面也可能發生。我在內心發誓絕不重蹈覆轍。別忘了：第一步是先進場。你得先買彩券才可能當樂透贏家。但第二步也很重要——如果你把籌碼都輸光了，你就不能再下注了！

NOTES
複習

- 第一課：先進場。
- 第二課：不要輸光籌碼，否則就會失去下注的資格。

跟注、加碼與蓋牌

玉米大戰結束後，我發誓再也不想下跪求饒。我吃了不少苦頭才明白，我必須重視自已所承擔的風險。這代表我得要計算，而不是禱告，因為很顯然的，成功的交易來自於機率。我想用不同賠率測試自己的投資策略，看看其中有沒有一種方法可以擊敗市場。我的目標是要建立一個計算賠率的交易系統。

我希望找到能提高自己贏面的方法。也因此，我開始對「賽局理論」這個當時新興的領域產生興趣，簡單的說，就是對策略式決策的研究。賽局理論運用了數學模型預測玩家之間的互動可能，而所有參與者必須遵照特定規則參與遊戲。賽局理論假定所有玩家都是理性的，並以自己的利益作為行動依據。

我們可以想像，自古以來，戰場上的將軍們就已運用某種賽局理論進行兵棋推演，但是直到一九四四年，數學家約翰・紐曼（John von Neumann）與經濟學家奧斯卡・摩根斯坦（Oskar Morgenstern）出版《賽局理論與經濟行為學》（*Theory of Games and Economic Behavior*）一書時，這個學說才正式問世。從這個時候開始，不管是學者或企業人士都紛紛引用賽局理論，藉以評斷現實，好比哲學、心理學、政治學、汽車保險、婚姻、演化生物學與軍備競賽等，當然，也包括撲克牌。

一九七〇年初期，我在紐約大學科學圖書館翻找所有關於賽局理論的書。我的目標是要能出版論文，以提升自己的地位與信譽。但是幾乎所有的書都跟高等數學有關，要讀懂它們對我來說根本是天方夜譚。我只能讀讀前言，簡略地了解內容。不過，我還是釐清了自己的觀點，那就是如果想做出好決策，你必須知道自己身在何處，以及現有的選擇。我不是數學家，因此需要其他人來檢視我的想法。事實上，在我的整個投資生涯裡，都十分仰賴有數學頭腦的人或電腦專家來實現我的計畫。但因為當時的我實在沒有錢，因此我只能用掛名或分享股權的方式，給予對方報酬。

一九七二年，我遇到了史蒂夫（Steve），他是一位剛從塔夫茨大學畢業的年輕量化分析師。我們共同在《期貨雜誌》（*Commodity Journal*）上發表了〈賽局理論應用〉（Game Theory Applications）一文。這篇文章造成了空前的話題，因為在此之前，從來沒有人證明過要如何把「賽局理論」應用在期貨交易裡，而我們做到了。

在那篇文章的開頭，我們引用了愛因斯坦的話——他認為「相對論」不僅奠基於推測，也「具有讓物理學理論足以應用於可見事實的目的」。因此，我們也希望以同樣的態度去看待「機率」(probabilities)。我們的論文如此寫道：

我們希望觀察一組可見事實，或是在單一事件中的單一事實。接著，我們計算這些可見事實發生的總次數，然後除以這些可見事實在事件之後發生的次數。而這就是應用機率的方法。

換句話說，如果你認為市場在特定事實條件下，會進行特定反應，那麼請測試它一千次，以確認其機率。

再者，我們認為賽局有其「規則」。這些規則有時會使某人受益，並決定唯一可行的方案。舉例來說，一旦牌被捨棄，你就不能再回頭查看它們是哪幾張牌。這是規則。你必須注意並按順序記住那些牌。另一個例子則是，有人總得先走，然後是下一個人，再下一個人，等等。每個位置與立場都有其優缺點。大家總是忽略了，專業運動員對規則瞭若指掌，甚至在競賽中，試圖讓規則對自己更為有利。而我們必須學習專業運動員的邏輯。

接下來的動作有三種可能。賽局理論證明你有三種選擇：跟注（call）、加碼（raise）與蓋牌（fold）。請注意下述三點：

（一）可見事實

（二）遊戲規則

（三）可行選項：跟注、加碼與蓋牌

你可以選擇是否要下注，或何時要下注，這都沒有問題。然而對你來說，最重要的是「時間」。我們把時間攤開來看。假設你在玩二十一點，而你拿到了十七點。你需要一張四就可以贏，但你已經看到兩張四被翻開了。那你能拿到剩下兩張四的機率有多少？滿小的。假設你有二十分之一的機會，這代表你還是有可能再拿到一張四，只不過，這不會是個好注。最好放棄吧。最好等時機站在你這邊時，再下注。這就是我說的，你得控制「下一個賭注」的時間點。這就是好投機者和壞投機者的差別。

在賭場時，你得先把錢投入彩池（pot）內，才會知道輸贏結果如何。但如果你做的是期貨交易，那就不必如此，你根本不用先玩一把才能知道結果。你可以持續地觀察市場，直到你看到最佳的機率值後再進場。這檔股票或期貨在過去六個月裡一直在上漲嗎？特定商品的三十天平均價格是否已達到臨界值，證明你跟隨的趨勢是正確的？如果答案是否定的，那麼就再等等吧；如果價格移動已越過臨界值，只有在此時，你才應該買進並跟進趨勢。

如果你能學會把「時間」攤開來看，那麼你這一生都將因此受益——我應該要和這個人結婚嗎？要買這間房子嗎？要做這份工作嗎？該退休了嗎？……這些都是人生中重要的賭注。如果你在時間上尚有迴旋餘地，那麼你就擁有強大的優勢。你可以精算下注時間與當下所屬的情況，並獲得最好的賭注。

NOTES

下注前請先想想

下次當你在做決定，或感覺必須下個賭注時，請先停下來問問自己，什麼是「可見事實」?

• • • •

下個會大贏的注

到目前為止，我已經說明清楚，「預留輸的空間」及「小心風險」乃是最高原則。但還有一件事也很重要——你必須找到能夠贏得高額利潤，但風險較小的賭注（我們稱為「不對稱」）。請記住：假如你總是贏，但贏的很小，那麼也不算是真的贏。

原因在於：賭局的規模如果一直都很小，其實並不安全。如果你只有小額進帳，那麼也不會為了許多小額損失而預作準備。我賺的都是大筆金額。對普通人來說（特別是不懂遊戲規則的人），他們會認為小額進帳是最安全的賭注。但重點是，那並不安全，因為如果你無法擁有大錢，那麼也無法保護自己免於無可避免的損失；那可能是筆交易、突發健康狀況等等。假如你突然得了癌症，而治療方式需要花費25萬美元呢？如果你沒有那筆錢，那就代表你玩的方式一點也不安全。

要賺大錢，你必須押注那些有可能帶來大筆利潤的東西。假如你持續這麼做，那麼最終機率就會對你有利，隨著時間的推移，你終究會贏到大錢。這就是為什麼你要持續尋找那種超級商品。這種機會不會每天都有，但是當機會來了，你不能錯過。這就是我所謂的「終極機會」——那種可以徹底改變一切、改變我們人生的機會。

在一九七〇年代中期，我在咖啡市場遇到一個大好機會。那個時候，咖啡的價格非常低——供給過剩、農民慘遭殺害。我在研究近五十年的氣象模式與供需數據後發現，當時咖啡的消費量已攀升了一段時間，但是價格卻毫無變動。我相信，價格必然會變，因此我進場買進咖啡的看漲期權，認定其價格終將會攀升。我關注的並非報酬的多寡，只是認定這個全球最受歡迎的飲料擁有價值反彈的可能性。

由於贏的機率非常高，我決定以一年為期，下100萬美元的注。方法是每次買進25萬的期權，那正好是我每兩個月可以從交易中賺來的金額。對當時的我來說，這筆賭注相當大，但是我問自己：是否已經為輸做好準備？答案是肯定的。假如咖啡的走勢不如預期，我已經做好承擔損失的準備，但以我鋪天蓋地所做的研究來看，趨勢的走向很明顯。因此，機率顯示了我的賭注有很大的機會可以帶來巨大收入。

賭注有兩種：好注和壞注。好注表示贏的機率高，而贏的金額大於可能輸的金額；壞注則是風險大、報酬低。

對投機者而言，當然要多下好注。

在當時（一九七五年初），咖啡交易價格為60美分。一年後，價格來到1美元。再過一年，價格來到2美元。我的好友們紛紛打電話跟我說，「好了啦，賴瑞，你贏夠多了。兌現出場吧。」但我回答，「不，趨勢仍在往上走！」

當時有個三十二歲的男子坐在交易所的電腦前負責這筆交易，他無法承受這種壓力——價格從60美分漲到3.1元，而我原本的50萬此刻已翻成1,500萬。最終當趨勢反轉向下時，我拿回了1,200萬。當時我十分激動。我才三十五歲，就有了1,200萬美元。我們家族之中從來沒有人擁有過這個數目的錢。這對我來說是重大的生涯轉捩點。

然而，我的內心卻有一個聲音說，「不可能有這種好事吧。」我還沒準備好當個勝利者。有些人熱愛成功，而且貪得無厭，但是當我開始大走好運時，我心想，「這不可能再次發生了！」——在一年之內把50萬變成1,200萬？這種事再次發生的機率有多大？我並未細想這一切為什麼會發生，但是我對自己說，「小子，你很走運。」而這也是事實。以哲學觀點看來，我確實很幸運，尤其是當你和那些甫成功從恐怖祖國逃亡出來的難民談話時，你就會知道「幸運」有多重要——如果你出生在敘利亞，你家被炸成廢墟，你還能擁有夢想嗎？

我最近去了一趟柬埔寨，探訪獨裁者波布（Pol Pot）曾經滅殺三百萬人的堆屍陵（killing fields）。這讓我意識到，即便你是來自中低階層的美國家庭，你還是握有很大的勝算。因此我猜想，假如我已經贏了樂透，又因為咖啡交易的大筆獲利而搬到豪宅裡，我的幸運已經無以言喻。因此我保持低調好幾年。我幫家人買了不錯的房子，做了點普通的交易，賺點生活上的小錢，這讓人很滿足。

回過頭來看，咖啡交易教了我一些事，那些我願意傳授給孩子或孫子的事——如果你很聰明的玩了一大票，那麼你可以賺很多錢；如果你的遊戲可以讓你賺很多錢，那麼就接受事實吧。

當時我打算賭50萬美元，因為這是我可以承擔的範圍，而且我相信可以靠這筆錢賺到300或400萬，但結果卻賺得比我想的還要多。或許你需要一點時間才能接受這個結果，但是偶爾，你會得到比自己所想的還多——你必須學會在生活中思考。

低風險與高勝率

早在那些把「賽局理論」應用到兩性關係上的書籍出現以前，我就已經把我的投資策略運用到我的感情生活中。和投資一樣，如果你不進場，就沒有贏的可能。

在「約會」這個市場裡，對我而言最大的障礙，是人們下的第一個賭注通常是基於外表。我長得其貌不揚，這是個滿簡單的事實，因此我不可能在諸如派對或酒吧這種社交場合中，吸引到美女。因此我想到一個讓自己佔上風的進場方式。第一步是什麼呢？我選擇先到購物中心，那裡的女人遠比男人多。接著，我會留意那些看起來有點無聊，或可能正在打發午休時間的美女，詢問她們是否願意一起喝杯咖啡。既然這是公共場所，因此這個提議很安全，也不會太詭異。大約有四分之一的女性會點頭說好。

接著，我們一起喝咖啡。我會展現出對她們的興趣，而非滔滔不絕地談論自己——這也會增加我的勝率。如果事情進展得不錯，下一步我就會邀請她們共進晚餐（這裡大約只有三分之一的人會答應）。如果一切順利的話，我們就會開始約會了。我用這方法，喝了不少咖啡，也和許多不錯的女性約會。如果有人也有難以遇上心儀對象的困擾，那麼可以試試我的方法，增加你的勝算。

當然，我並沒有在購物中心遇見我的太太席碧兒。我們是在法爾島認識的，當時我和一些朋友分租房子，她是我室友的朋友。第一次遇見她時，我們聊了整晚。第一次約會時，我們整個傍晚都在大笑。她覺得我很有趣，而她總是滿臉笑容。事情發展得很順利。我們都很想要小孩；因此我們結婚，生了兩個很棒的女兒。席碧兒是很得體的英國女性，她來自社會主義家庭，媽媽和她都是社工。我們倆大不相同。我以前常說，我們兩個都是做社工的，只是途徑不同。「我幫助那些極少數的有錢人；而你幫助普羅大眾，也就是窮人。」我們給了對方完全不同的世界，並擁有近三十二年的美好婚姻，直到她在二〇〇八年離世為止。在下一章裡，我將分享更多我如何把自己的交易心法運用在愛情和婚姻中的方法。而現在，先假設我在席碧兒身上下了大注好了。

• • • •

我希望你們能在我的做法中找到一些啟發。重點就是「跟隨趨勢」。這個策略很適合我這個人。我不喜歡給自己壓力。對我來說，追蹤趨勢簡單、輕鬆，並且讓我賺到不少錢。

此外，這個方法符合我的優勢，因此我很快就能將它轉換為一個具有生產力的交易系統。結果就是，我用自己發明的方法，創造了一個體系。這也是為什麼我要用無數個人經驗去解釋這套「原則」，因為這是我個人活生生的應用實例。

當我嚐到成功滋味之後，我開始思考「自己為什麼會成功」？若干年後，我和幾個一起在明特公司旗下基金賺到上百萬美元的同僚在英國碰面吃飯。他們都是劍橋或牛津的高材生，席間我問他們，「你比你父親聰明多少？」幾乎每個人都說自己沒有比爸爸聰明，或頂多比爸爸聰明一點點。我反問他們，「那為什麼我們賺的錢，比我們的父執輩多了十倍以上呢？」我的結論是，我們超越了自身的背景，並不是因為我們有多聰明，而是因為我們押對了低風險、高報酬的賭注。這是一個技術問題，也是原則問題。這就是為什麼只要下對了賭注，我們的人生就得以大獲成功的原因。

你可以選擇設定你的優先事項，然後下注、達成目標，或者，讓生活中的事件自行發生。你必須運用所有的資源與工具，提高勝算。時間是一把利刃，你必須運用對的時機，策略性的下注。而你下注的規模也有絕對的重要性。當你每做一個重大決策時，必須先問自己，「我能贏多少？」因為報酬必須真的值得你那麼做。最後你還必須問，「我可以輸多少？」因為你不會想為了贏得酸黃瓜，而輸掉三明治吧？

NOTES
魯蛇贏法

有次我跟一個在賽馬界呼風喚雨的傢伙一起去馬場。他的父親是薩拉托加（Saratoga）的大人物。因為無聊，我也開始賭一把。我看了馬報一眼，並且在所有勝率高的馬匹上全下了小注，並且得到不少報酬。我不在乎任何一匹馬（我跟牠們不熟）。我也不管每一注的實際報酬。但是當賽局最終結束後，我的荷包滿滿；我贏的錢遠比那位超級賽馬迷的朋友多。你可以把我的賽馬經驗當作「魯蛇贏法」。我分散賭注，並且全下小注，如此一來，就算我輸掉了所有賭注，結果也無傷大雅——我進場是為了生存。

第四章

趨勢追蹤心法：減少損失、持續獲利

Trend Following: Cut Your Losses and Let Your Winners Run

英國出生的李嘉圖（David Ricardo），是我心目中的英雄，他是一位傑出的古典經濟學家，對我及世界都造成巨大的影響。請容我在此分享他的一些事蹟，你就會明白箇中原因。

李嘉圖出身於著名的塞法迪猶太人[1]家庭，這些猶太

1 塞法迪猶太人（Sephardic Jews）是猶太人的分支之一，長期居住在阿拉伯化的伊比利亞半島上。十五世紀末，隨著基督徒將伊斯蘭教政權趕回非洲，塞法迪猶太人亦被逐出西班牙及葡萄牙。

人被葡萄牙天主教會驅逐，並定居荷蘭。他的荷蘭裔父親亞伯拉罕（Abraham）帶領家人遷至倫敦（李嘉圖即在此出生），並成為倫敦交易所裡非常成功的股票經紀人和倫敦猶太社區的領導人。

李嘉圖自小便跟著父親學習做交易，但他具有獨立思考的能力，並且常常與父親的典型作風相互違背。二十一歲時，李嘉圖愛上了桂格教徒普利希拉・安・魏肯森（Priscilla Ann Wilkinson），不但與她私奔，兩人還成為一神論派的信徒。此舉讓李嘉圖與原生家庭脫離關係，並且身無分文的展開新生活。

由於李嘉圖的名聲不壞，他開始進場做交易，並得到一家知名銀行的支持。他靠市場維生，一切也如魚得水。只不過，李嘉圖仍舊著迷於研究新概念。他開始自學經濟學、數學，並在年近四十歲時出版關於自由貿易（他深信自由貿易）、薪資、貨幣、勞工理論、政治經濟學，以及報酬遞減法則[2]的著作。

李嘉圖與約翰・米爾（John Stuart Mill）、亞當・斯

---

2 或稱「收益遞減法則」（law of diminishing returns），意指經濟學中，在投入生產要素後，每單位生產要素隨著所能提供的產量增加發生遞減的現象。

密（Adam Smith）與羅伯特．馬爾薩斯（Robert Malthus）建立了當代經濟學理論體系，影響至深。

儘管李嘉圖投注畢生心血研究交易與經濟預測，但是他最出名的事蹟在於一項賭注。一八一五年，李嘉圖用極低的價格買進英國政府債券，押注拿破崙戰爭的結果（有傳言認為他事先掌握了戰況，但我們無法確切得知真相）。當威靈頓公爵（Duke of Wellington）在滑鐵盧打敗拿破崙的消息從比利時傳回來時，李嘉圖一夕之間成為全歐洲最富有的人——他賺進約100萬英鎊，相當於今天的8,000萬英鎊。

在李嘉圖過世後，英國一間報社的編輯詹姆斯．葛蘭特（James Grant）如此描述他成功的祕訣：

李嘉圖嚴守他自稱的三個黃金原則，藉此獲得鉅額財富，他總是在朋友間暢談自己的觀察。而那三個原則就是：（一）不要拒絕可能的機會、（二）減少你的損失，與（三）讓獲利項目持續滾動。

其中，「減少損失」意指如果你買進一檔股票，股價卻開始猛跌，那就得趕快賣出。而「讓獲利項目持續滾動」則是說，如果你手上的股票價格開始攀升，那麼你就不該

在股價攀升到最高點並出現明顯反轉趨勢之前，賣出持股。

在此之前，我已經和你分享了我交易與人生的三大原則：先進場；如果你輸掉所有的籌碼，那就不能玩了；以及，瞭解與增加你的贏面。

但是來自李嘉圖的「第四原則」非常重要，我甚至可以將它當作本書的書名：**砍掉賠錢項目、維持賺錢項目**。簡單來講，做交易就是贏要衝，輸要縮。這就是我在交易界的趨勢追蹤準則。這句話我幾乎天天都會提到。如果你喜歡鄉村音樂，那麼你會用〈賭徒〉（The Gambler）這首經典的曲目來形容它：「你得知道什麼時候該留下，什麼時候該蓋牌⋯⋯」

這個道理很簡單：**要找到上漲趨勢，你就必須觀察現在的價格與起始的價格**。舉例來說，如果有一檔股票或期貨的價格比四十天或五十天前來得高，許多人也相信它目前的價格較高，那麼你就該買進，跟進浪潮。至於什麼時候該出場呢？我通常會問自己能夠輸多少？如果答案是2%，那麼只要價格下跌超過2%，我就會毫不遲疑地砍掉這筆項目——這就是我願意冒的風險。換句話說，盡快減少損失，保留賺錢的項目，這樣才會賺錢。

趨勢交易的原則

讓我說得更仔細一點：我並沒有發明趨勢追蹤法。不管是在李嘉圖之前或之後，都有人用使趨勢追蹤的方式投資。

舉例來說，理查德・唐奇安（Richard Donchian）就時常被稱為「現代趨勢追蹤之父」。畢業於耶魯大學與麻省理工學院的唐奇安，觀察到期貨的價格往往會以趨勢的方式移動，意思是當商品價格往上走或往下跌時，這個動作往往會持續一段時間。一九六〇年時，他開始在《期貨趨勢日報》（*Commodity Trend Time*）撰寫每週專欄，並推廣他的「四週原則」（four-week rule）——他會在價格達到四周新高時買進，在價格跌到四週新低時賣出。這說明了趨勢追蹤法一直都在，只不過，我和我的夥伴是最早以系統化方法處理交易資訊與回測（backtesting）的一批人。

換句話說，我們用科學方法證明了趨勢追蹤的有效性。我們的時間點也很完美。一九七〇年代正式進入電腦化的時代，這也讓我們對系統化交易的研究得以實現。事實上，我認識的另一個交易員艾迪·賽科塔（Ed Seykota），他是第一個創造電腦化趨勢追蹤法的人，一開始，他還曾經用打卡機進行趨勢追蹤呢！

就像我經常掛在嘴邊的，驅使我的並非貪婪，而是我個人的懶散。我希望「錢能為我工作」，而不是我為它工作。我的目標是建立可以自動運作的系統，所以我不需要因為市場的上下波動而寢食難安，甚至能在睡夢中賺錢。我並不是個傲慢的人，實際上正好相反。我在童年與青少年時期失敗了無數次，我始終對自己的缺陷與不完美心知肚明。為了避免這種容易犯錯的天性，我想要建立一種經過嚴格測試、經過大量驗證的統計方法。

當傑克·史瓦格（Jack Schwager）為了《金融怪傑》一書訪問我時，我跟他說：

交易的有趣之處，就在於你雖然不知道明天會發生什麼事，但是你還是可以清楚看出長期趨勢的走向。

保險業就是一個完美的比喻。假如眼前有個六十歲男人，你實在無法知道他明年還會活著的機率是多少。但若你眼前有十萬名六十歲的男人，那麼你大概就可以估計出在他們之中，有多少人在一年之後還活著。我們在做的事

情也一樣，我們以「大數法則」（law of large numbers）進行交易判斷，就如同交易精算師一般。

趨勢追蹤策略不僅可應用在期貨或商品市場，你也可以將它用在股票市場上。最近有一位朋友跟我說他買進大量微軟股票，他以趨勢追蹤結果作為進場的憑據。我們討論微軟如何以超過50%的年成長率領導雲端伺服器市場，且在最近剛結束的一個財年，更顯示了該公司100%的成長。截至二〇一九年二月底（在我撰寫這篇文章的時候），微軟的股價仍接近五十二週以來的最高點，每股近116美元。相對的，二〇一八年的標普500指數，整體下跌了6.2%。

上述這個趨勢相當強勁，其背後自然有許多可能原因，能解釋微軟的表現為何會如此亮眼。比方說，微軟積極地投資，以作為企業端雲端科技的領導者，而該領域正快速茁壯。此外，該公司還有一位掌舵多年、作風強悍的CEO，同時也擁有一套利潤豐厚、授權給外部合作夥伴的商業模式——這些當然都是促使公司成長的關鍵因素。但是對於身為趨勢交易者的我來說，公司的基本面並不是我感興趣的事情——趨勢交易者買進微軟股票是因為它的股價處於上升趨勢，而且上升的時間夠長，足以確認趨勢成立。趨勢交易者不會試圖預測價格攀升的週期會有多長。只要趨勢衰退，他們就會立刻離場。換句話說，**我不是因為知道任何「實情」才賺到錢的。我賺錢是因為市場告訴我該怎麼做。**你看到了嗎？我喜歡平衡，這和玩賽馬差不多，我把風險分散、分得夠遠，所以不會對任何單一交易的結果抓狂。我喜歡我的工作場所很無趣（對著電腦螢幕大吼大叫的情境從來都不是我想要的）。

在交易的世界裡，有些交易員會運用多種軟體去分析市場數據，每天、甚至每小時進行大量交易，藉此利用市場的微小波動去對沖損失。假如你的銀彈充裕，又有大批員工支援你的話，這種做法或許可以成功。但是很多時候，交易員會被困在他們永無止盡的圖表和數據裡，以至於忽視了真正的大好機會——我不需要成千上萬的表格或基本面數據來告訴我「微軟的雲端業務正在蓬勃發展」，因為趨勢已經告訴我了，而它也會告訴你。

請注意：我很尊重經濟及歷史學家的智慧與奉獻精神，他們努力理解全球市場並發展人類行為與市場動態的一致性理論。但是，我不相信這樣的理論在現實世界中經得起檢驗，並幫助我們在現實世界中賺到錢。

假如你相信自己有絕佳的市場預測能力，那麼你每次進場都會伴隨極高的風險。我必須再重複一次，我向來視「失敗」為交易的一部分，而你也必須將這個原則帶進你的交易實踐之中。你必須不斷地問自己，「在這種情況下，最糟糕的狀況會是什麼？」接著，那個狀況就會是你的底線。我總是想知道自己冒的風險是什麼，總是想知道我可以輸多少。

有趣的是，當市場出現危機時，趨勢交易者往往會表現得還不錯。為什麼呢？因為大規模拋售會同時在數個市場中創造出極端的趨勢。正如同我的朋友麥可．卡威爾曾在其著作《趨勢交易正典》中如此說道：

市場若要同步發展，背後驅動的經濟條件就必須一致或具有某種共識。當某一重大事件在如此普遍共識下發生時，好比一九九八年八月的俄羅斯債務問題，二〇〇一年九月十一日的恐怖攻擊，或二〇〇二年的企業醜聞風暴，以及二〇〇八年的股市崩盤等，都會加速已存在的趨勢……事件的發生絕非憑空而來……這也是為什麼趨勢追蹤很難受到某事件錯誤影響的原因。

透過現代電腦科技的協助，我將自己的原則系統化，我的行動迅速，並且不會等到市場跌落50%才有所反應，也因此我可以保有賠錢的底線。我在市場中遊走，保護自己的資本，並且尋找下一個趨勢崛起的機會，因為總有新的趨勢正在醞釀。

趨勢追蹤與買進持有策略

我的交易理念與華爾街的傳統建議大相徑庭，後者認為投資人應該要以被動方式購買和持有其投資組合。在這一派的思想中，當投資組合的價格跌落時，你不應該有任何動作。其概念並非是專注市場的波動，而是靜候波動結束，因為隨著時間經過，股市的價格必然會上升，而你將不會有任何損失。

這種「買進與持有」(Buy and Hold)的策略，是建立在「有效市場假說」[3]的理論基礎之上。該理論認為市場是理性的，因為所有市場參與者都能獲得相同的資訊，而價

---

3 又稱「效率市場假說」(Efficient Market Hypothesis)，由美國經濟學家尤金．法馬在一九七〇年提出。其定義是：如果在一個證券市場中，價格完全反映了所有可以獲得的訊息，那麼就稱這樣的市場為「有效市場」。

格會根據其正確價值進行相對應的調整。簡單的說，市場永遠佔了上風。因此，普通人不可能挑出比「標準普爾500指數」這個商品更好的標的。

在我的交易生涯中，我也曾低價買進、高價賣出，而且我絕對相信，當這種方法奏效時，那其實是一樁令人愉悅的意外。為什麼呢？因為沒有任何人能確切預知股票、市場，或生命中的其他事件會如斯發生、以及發生的時刻。沒錯，這種買進與持有的策略能讓你表現得不錯，但是你也可能必須要忍受長時間的繁榮和蕭條，以及潛在的重大損失——許多人可能無法接受的損失。

舉例來說，回顧標普500指數的紀錄，若你在一九五〇年代初期，擁有該指數的成分股，並在一九七〇年代初期賣出離場，那麼你的買進與持有策略可說是非常有效，因為當你離場時價格正在飆漲。但假如你直到一九八二年四月才想（或需要）將持股賣出呢？那麼你恐怕會死得很難看，因為當時該指數又再次大幅下跌，所有成分股都表現得份外差勁。

請永遠不要忘記：沒有任何人能預測未來。歷史顯示，有許多經營得有聲有色的公司，在經過一段時間的消長變化後，重重倒下。我還記得曾有一段時日，安隆公司被視為是明日之星，而現在呢？[4]不管對方如何說得口沫橫飛，你千萬別相信那些預言數年後市場或經濟會如何改變的人。這類經濟預測相當危險。我們生活在一個快速成長的高科技企業經濟體中，任何公司都可能在十年內崛起並沒落。在過去，人工排版已流傳百年，並世代傳承下來。但是當電腦被開發出來之後，數位排版在短短幾年內就取而代之。

還有其他例子嗎？Uber在二〇〇九年問世，目前公司市值已達600億美元。Uber、Lyft與Grab等公司已摧毀了全球計程車與高級禮車產業。我打賭，在二〇〇九年以前，所有持有Uber股票的股東，恐怕從未想過黃色計程車會像馬匹或馬車一樣被時代淘汰。

再回想一下「電話」吧。當我的大女兒還是青少女時，她和誰出去玩，我瞭若指掌，因為當時人們是用電話來聯絡，而我會接起電話，打聽對方是誰，然後叫她來接電話。當時的電話，是裝設在牆壁上的產物。三年之後，我已經完全無法知道小女兒正在和誰約會，因為她是用電腦

4 二〇〇一年十月，美國的第七大企業——安隆公司爆發有史以來最大的商業醜聞案，包括會計造假和政商勾結等弊案，不僅導致該公司破產、股價暴跌，並嚴重衝擊全球金融市場。

在處理她的社交生活。至於現在，倘若她們還未嫁作人婦的話，恐怕會玩起Tinder——這個快速約會的軟體服務在二〇一二年問世，透過雙方互動搜尋的方式，免除人們被拒絕的恐懼。這個應用程式的母公司Match Group，二〇一七年的市值為30億美元。現在還有年輕人會打電話邀請心儀的對象出去約會嗎？我相信，像Tinder這種滑動手機就能達成目的的服務，將會以不同的形式擴展到企業徵才與其他未知領域。而我更相信，未來，它也會被其他公司所提供的新服務所取代。我們生活在一個用過即棄的世代，而在這樣的世界裡，我的趨勢追蹤原則將始終有效。

我的意思並不是說你不該努力地實踐買低賣高，也不是買進持有策略有誤。沒有任何交易或投資原則能百戰百勝。也因此，最好的方法就是混用不同策略，並維持其差異性。

在我開始做交易的時候，趨勢追蹤是很奇特的手法，因為人們認為你必須運用基本面資訊以進行市場判斷，而僅僅運用價格高低進行買賣的量化方式（例如趨勢追蹤），對當時的人來說太過冒進。決定趨勢追蹤的是機率，但對華爾街來說，他們注重的則是說故事和做預測（可悲的是，投資人為那些預測繳了很多學費）。因此，許多投資顧問仍力推「買進持有」的資產投資方式，並排斥其他觀點，這也就不足為奇了。但如今，對一般散戶投資人來說，多樣化投資是可以實現的，拜共同基金與指數股票型基金（EFT）出現之賜，讓普通玩家也可藉由這些工具來掌握趨勢，彌補傳統投資組合的不足。

圖 4-1　趨勢追蹤與買進持有策略之比較

說明：2000年1月至2019年6月，趨勢追蹤（法國興業銀行的SG CTA指數）與股票市場（標普500總報酬指數，S&P500 Total Return Index）的對比。

資料來源：Alex Greyserman、Kathryn M. Kaminski

在一項比較年均成長率的研究中，我的同僚艾力克斯．葛瑞斯曼與共同作者凱薩琳．卡曼斯基發現，若觀察自一九九二年至二〇一三年這二十年間，趨勢追蹤投資法（根據「巴克萊商品交易顧問指數」）的年均成長率優於股票（根據「標普總報酬指數」）。更重要的是，假如你以五十比五十的比例同時運用這兩種投資法，將得到最豐厚的報酬，如下表所示。

	巴克萊商品交易顧問指數（Barclay CTA Index，依股權波動）	標普總報酬指數（S&P Total Return Index）	50:50 投資組合
年均成長率	10.9%	9.22%	10.37%

資料來源：《趨勢追蹤與管理期貨：尋找危機的Alpha》（*Trend Following with Managed Futures: The Search for Crisis Alpha*）

趨勢追蹤與未知的風險

奧地利學派的經濟學家米塞斯（Ludwig von Mises，一八八一至一九七三年）曾寫道：「我們永遠都要記得，每一個動作都蘊含在時間的流逝當中，因此所有的動作都包含著某種程度的臆測。」

我同意。人生就是面對每日未知之下的一連串猜想。人生和市場一樣，我們都需要有承認自己無知的智慧。我們只能運用現有的事實進行決策，並且相信自己總有可能犯錯。

不管在市場或人生裡，人往往毫無理智。舉例來說，我們都知道唯有少吃多動才能減重，那麼大家為什麼辦不到呢？我喜歡用情感關係與約會作為例子，以便說明我的想法。比起投資，多數人擁有更多追求感情的經驗。我們都被吸引力撼動，並且為追求、找到對象而喜悅，為失去所愛而悲傷。但是最終，我們就是人類，我們具有繁衍後代的需求，而這就是為什麼我們追求浪漫伴侶的慾望會如此強烈的原因。

在愛情與金錢裡都有著相似的風險問題。當我們把自己毫無保留地獻給對方時，這是一個巨大的風險，我們可能因此得到回報，至少這是我們所期望的。如果我們無法從一段關係中得到正面回應，我們往往會選擇離開。那麼當一段感情開始出現糟糕的感覺時，我們會停留多久呢？很久嗎？你會花二十年的時間跟對方住在同個屋簷下，並一起養育小孩嗎？你要怎麼處理自己的風險呢？事情在轉眼間會變得越來越複雜。

讓我們重新回到我的基本原則，我會再解釋一次。

Tisp 1　先進場

你肯定知道，未來的結婚對象不可能突然憑空在門口出現。這樣的機會可說是億萬分之一。你知道自己得出去晃晃，打扮一下，或許擦點口紅或擦亮皮鞋，參加舞會、去酒吧、派對、教堂或工作場域，或是任何有可能結識對象的地方（在Tinder的世界裡，這代表你得拍一張不錯的自拍照，然後將它放上網，再寫點聰明的自我介紹，這樣你就進場了。）

Tisp 2　設立清楚的目標

你要找的人，是有趣的談話對象或需要一點幽默感？是純粹的性關係？是要以結婚為前提交往？是會令路人回頭的正妹？是有錢的傢伙？還是要有相同宗教信仰、膚色的對象？你得知道自己想要的是什麼、需要怎樣的對象。如果你沒有想清楚，那麼很可能會遭惹麻煩。

Tisp 3　降低風險

你會在第一次約會時帶對方去看最貴的表演或吃最貴

的餐廳嗎？應該不會吧。但是你會跟約會對象去喝咖啡或吃中餐，直到你找到真命天子為止嗎？答案是肯定的。你大概也會運用賽局理論去控制自己的賭注。所謂的賽局理論，正是運用可見事實去控制機率的策略，沒錯吧？所以，如果沒有人符合你的擇偶標準，你可能會選擇「和眼前的對象打發點時間」，而不是花大筆金錢與時間在不對的人身上吧。這正是我們面對許多人生困擾時的思考方式。

Tisp 4　減少損失，讓獲利項目持續滾動

你會在婚姻中花費大量的時間、金錢與精力——僅管離婚的機率可說是一半一半，但是你最好別在婚姻一開始時就把資源浪費在錯誤的賭注上。

可控的變數：決定自己要輸多少

你會在右頁兩張圖的個別情境中，分別下多少賭注呢？

有時候，你會遇見某個合適的對象。趨勢一直往上走、往上走，但後來卻出於某種原因，你突然感到害怕、

圖 4-2 感情與趨勢追蹤：讓獲利項目持續滾動

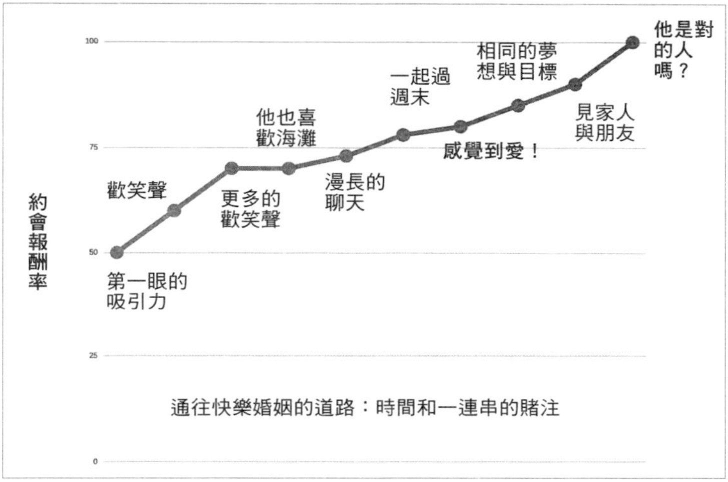

圖 4-3 感情與趨勢追蹤：減少損失

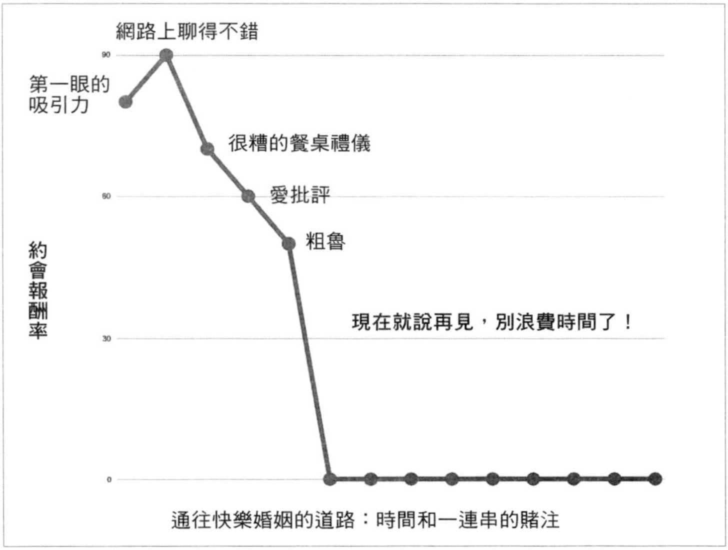

停止這段關係，讓它消失的無影無蹤。你該問問自己：為什麼會在趨勢大好時離場？你是否認為生命不可能如此美妙？你是否認為自己不可能值得那麼好的對象？

在我的第一段婚姻中，趨勢從一開始就很好，我們也擁有美好的婚姻。如同先前曾提及的，席碧兒和我的背景大不相同；在我的第二段婚姻中，我選擇了和自己背景很相像的人——莎拉來自布魯克林，我們都曾經一無所有，也都決定要讓自己過上更好的生活。她也是席碧兒的朋友。正因為我們擁有如此相似的背景，因此她懂我，我們之間無須多言。婚姻是人生中最大的賭注。在每段婚姻中，我會不斷問自己：我真的想花這麼多時間和這個人相處嗎？你必須與伴侶共同建立整個人生。擁有好的性生活是化學作用使然，但是擁有好的婚姻，則需要投入整個人生。你必須選擇自己珍視的事物。

你看懂我的建議嗎？讓獲利項目持續滾動。要展開或是維持在一段美好的關係遠比擺脫一段關係簡單。至於我們何時該在一段婚姻中停損出場呢？友誼的停損點呢？生意的停損點呢？正如同投資一樣，你必須問自己願意輸多少錢。我們看過太多例子，人們過於堅持自己的想法，以至於輸得一屁股債。很多人明明在極端危急的狀況下，還在苦等趨勢扭轉。也有人在創業後苦撐五到十年，儘管獲利杯水車薪。

數年前，一位我認識多年、在布朗克斯區中學擔任教職的女性朋友告訴我，她只要想到每天都得前往該區上班就很害怕。某天，當我們在沙灘上散步時，她告訴我，她的夢想其實是要成為一名心理諮商師。

「那妳為什麼不去做呢？」我問。

「我不想放棄退休金。」

但是接下來，她描述了一樁很恐怖的事件。數週前，一名成績被當、心情很糟的學生，近距離開槍射殺了她所熟識的另一位教師。

「等等，」我打斷她的話，「妳是說，妳和同事在一個有可能被小孩射殺的地方工作，然後妳卻因為害怕損失退休金而不敢辭職？」

「退休金和可能被射殺的後果怎麼能相比呢？這是筆爛交易。首先，沒有任何人能保證妳一定拿得到退休金，因為有太多可能發生的變數。況且妳還可能為此丟了性命，儘管這比起妳取得理想中的臨床心理學學位，理當是一份『安全』的工作。」

還好，令人欣慰的事發生了。朋友決定遵循我的原則，設下停損點。她辭掉了工作，重回學校讀書，後來如願成為一名成功的心理諮商師。

很多人都難以擺脫「沉沒成本」（sunk costs），也就是難以下定決心，離開那些爛機會。**假如你被一個爛賭注纏住太久，會因此錯過更好的機會**。這個道理既適用於市場，也適用於人生。

同樣的，千萬別認為「離開就是懦夫」。假如你要競選美國總統，卻發現初選的表現差強人意，完全沒有贏的機會，那麼拜託千萬別繼續「假裝」自己會是最好的人選，甚至為此賭上你的餘生。記住你的目標：你想成為美國總統，四年之後，再帶著更好的計畫回來吧！

別忘了，在人生或市場中都存在許多我們完全無法控制的變數，但是你可以控制自己的選擇——決定自己願意輸多少。回到最初我問你的問題：你是誰呢？你想要的東西是什麼？當你掌握趨勢追蹤的基本原則後，你就能為自己做出正確的決定。趨勢追蹤的思考邏輯，讓任何有野心的人，都有機會在風險受控的市場上進行投資。

第五章

學習如何輸錢：價值千萬的一堂課

How to Lose Money, Including How I Lost Millions

有一天，我在健身房看到一個傢伙，正激動地朝沙包揮拳。令人嘖嘖稱奇的是，他揮出的每一拳，感覺毫無效果。好吧，雖然我對拳擊一無所知，但是多數人應該都知道，「你必須將身體全部的力量投注在拳頭上」，我不知道這到底是什麼意思，直到我看到這個傢伙的手臂像槓桿一樣伸出、彈回，而毫無作用力時，我才突然明白，為什麼他的努力只產生了一小部分應有的力量。他徹底做錯了。

我甚至覺得，連我都可以指導他該怎麼做。當然，我並沒有出手。我只看著他繼續出拳、張牙舞爪的樣子，除了把自己累壞以外，一無所得，並且一再地犯錯。

通常，我們都看不見自己的錯誤。我們的自負、恐懼與渴望，讓我們無視自己正在犯的錯，直到那些錯誤已無法被掩飾為止。我們希望避免損失，因此一再地逞強，並且欺騙自己「總有一天事情會好轉」。我們讓自己承擔超級大的風險，並躲在虛構的現實背後。我這麼說，是因為我就曾經如此癡傻。我曾經因為太過一帆風順而沒有看見迎面而來的鐵拳。也因此，我輸掉上數百萬美元，甚至差點賠掉自己的人生。

「要怎麼賺大錢」一直都是個熱門話題，但是若你想在市場中遊走，更重要的是學會「如何輸錢」，還有——如何不要輸到精光，直到血本無歸。為什麼呢？因為心中渴望往往會與現實悖離。這沒關係。但是我們必須理解其中的陷阱與威脅。

有時候，我們可以把失誤看得很透徹。多年來，我看過無數人輸掉身家財產（包括我自己），其原因可歸結為一件事，而且與我先前傳授給你們的原則恰好相反——大部分的人都無法立即砍掉賠錢項目，讓獲利項目持續滾動，通常，輸掉大筆財產的人會因為挫折感而「瞬間凝固」。原本小小的賠錢項目在轉眼間變成巨大坑洞，就像是有人拿著鏟子往下挖，而坑底的水不斷地冒出來，而他們不會游泳。我之所以能致富、在市場上持續活著的原因，就在於我砍掉了賠錢的項目，並讓獲利項目持續滾動。

以下，我整理出八種最容易讓你輸錢的方式。你要好好學著點。假如我還在做搞笑脫口秀的話，我會在每個輸錢法後頭加上誇張的擊鼓聲。假如你好奇是哪一種方式讓我輸掉數百萬美元的話，那你就必須讀到最後——八號輸錢法正是本人的慘烈經驗。

八種輸錢法

• 錯誤1：想當個天才

你知道那種能讓老師目瞪口呆、用超高成績畢業，智商高到破表的資優生嗎？他一定認為自己很特別，因為這是事實。天才總會有許多優勢與受到不停地讚美，但是，那種生活總是如此完美順遂的人，一進入市場，恐怕會出大問題。因為，市場根本不在乎你是誰。市場不在乎你的學業或成績。請記住：**不管是操作股票、債券或商品期**

貨，都和玩花式溜冰不同，你不需要藉由做出高難度動作來獲得積分。在市場中，只有最終結果才重要，而那個結果很可能根本是零。這代表儘管你可能大部分的時間都做對了，但卻可能在一次錯誤的賭注上，輸掉全部。市場是不會跟你手軟的。我個人的觀察是，那種常春藤名校出身的人，最有可能死守自己的賠錢項目，直到那些項目摧毀自己為止，因為他們不相信自己會做錯。

• 錯誤2：妄想市場欠你錢

我有個朋友因為交易糖而致富，後來他又因為同一個商品而大輸一筆。這是怎麼回事呢？因為他一直以來，都抱持著他可以靠交易這項商品賺大錢的想法——妄想「糖」虧欠自己。

年復一年，他一直把賭注押在這項商品上面，卻什麼都沒有得到。後來有一天，我發現糖終於迎來一波大行情，於是我趕緊打電話給這位朋友，問他情況如何，並滿心期待地聽到他的回答。結果，他的聲音遲疑了，「我想念我還留在場上的時候⋯⋯」他一直認為糖可以讓他扳回一城，甚至到最後，他根本無心關注事實——他已經被洗出場外了。

• 錯誤3：忽視趨勢

想像另一個例子：玉米市場正在下跌（你也可以用蘋果公司的股價或比特幣作為例子，這都無所謂）。現在，你該用超級低價，買進很多玉米，因為它的價格肯定會再次上漲——這個思維對嗎？

錯！

當然，在商品跳樓大拍賣後，你可能會得到撿便宜的好機會，但若你覺得這是「常規」，那就大錯特錯了。有些商品暴跌是有原因的，而你絕對不會想買進那種商品。舉例來說，當汽車問世後，馬匹與馬車零件的價格立刻大跌。如果你買進一間搖搖欲墜的公司股票，會有前景嗎？

這麼說吧，如果你的目的地是布魯克林，那麼你會先搭地鐵到布朗克斯嗎？我就曾做過這種慘不忍睹的蠢事。當時我得去布魯克林，也就是曼哈頓的南邊，參加一個會被奉承到不行的會議。我心想，我最好表現出真的像個天才的樣子——我在地鐵上想著這件事，直到猛然抬頭一看，列車的目的地是布朗克斯，而不是布魯克林。儘管我一生都是紐約人，從九歲就開始自己搭地鐵，但我還是坐錯車了。

你必須不時的問自己：自己的眼光是否符合事實？假

如你花了1美元買了一檔股票或期貨，認定它的價格會上漲，結果當你發現它跌到90美分時，你就得面對事實——你看錯了！離場吧！不需要感覺很糟，這不代表你永遠都會看錯。這只能說明你這次錯了。因此，靜待下一個對的時機吧。

● 錯誤4：無法離開錯誤的決定

假設你擁有一個千載難逢的機會——你認為自己掌握了95%的勝率，因此你下了豪注，並且期待一舉翻身。

接著，悲劇發生了。好死不死，你就是那5%的輸家。你必須為此變賣你的房子、車子，並告訴原本打算念私立學校的孩子這個惡耗。你準備好了嗎？如果沒有，那麼請只下你「負擔得起」的賭注。事實上，「我可以輸多少？」這才是你的首要問題，而非「我可以贏多少？」（請牢記在心）。

● 錯誤5：在失敗時打腫臉充胖子

很多年前，我的堂兄弟在期權市場把5,000美元翻到10萬美元。我問他是怎麼辦到的。

「很簡單啊。」他解釋說，「我買進期權，如果價格漲了，我就繼續持有，但如果價格跌了，我就等它拉回打平時離場。」

我試著警告他，這種策略不可能永遠奏效，這太冒險了！但是他聽不進去。他用10萬美元買進當時位於低點的美林證券（Merrill Lynch）期權。他投入所有的積蓄，卻顯得毫不擔心。他跟我保證，價格已經掉到最低點，馬上就會扳回一城，而他正等著大筆收入進帳。

「結局恐怕會很慘烈，」我說，「這筆交易的贏家可能不會是你。」

他毫不在乎。「就算價格只上漲10%，我的投資還是能賺進200%。」但事實是，那檔標的的價格從未回升，而他輸了11萬美元。

我問他，「這怎麼可能？你怎麼會輸到比投入的本金還多。那多出來的1萬元是哪來的？」

他回答，「噢……我沒跟你說嗎？我還向銀行借了1萬元。」

我很震驚，他居然在輸錢的時候，還去借更多錢來買進。根本沒有任何證據顯示他的行情反轉說法為真，但他卻仍借錢想逆轉趨勢。為什麼呢？因為在我們的心裡，希望總是比失敗來得更為可貴。這也是為什麼有人會苦守一段淒慘婚姻的原因，而且根據我的經驗，這也是大多數財富流失的原因。

● 錯誤6：只想當贏家

我的另一位朋友，是個長相迷人的運動員。他在學校念書時一向表現優異，根本沒嚐過失敗的滋味。事實上，他事事順遂。他的父母對他寵愛有加，十六歲時就幫他買了一輛雪佛蘭跑車。他從未準備好面對失敗、避免失敗或處理失敗。當他進入股市時，若買進的股票下跌，他會死守下去，完全不考慮賣出。而那些股票從未給他帶來進帳。最後當他七十歲時，他得靠孩子救濟過活。

習慣贏的人，總是很難接受失敗。他們經常會等到自己輸得一乾二淨時才會清醒。因為我向來體能欠佳、課業總是吊車尾，所以我對失敗毫不意外。我總是很快就能坦承錯誤，離場，並等待下一個進場時機。我會鼓勵你練習輸錢。長久來看，這會讓你贏得更多。

● 錯誤7：混淆目標

有時候，你會發現趨勢所在。好比說，發現某個社區大樓的房租已經持續漲了一年。於是你決定在那兒買下一間房子，因為你相信，價格會繼續往上走，並為你帶來不少租金收益。結果，你卻愛上了那棟建築，因為它的建築師相當有名，而大廳更是美輪美奐。你告訴自己：那個漂亮的大廳會讓你的房子更值錢。

看出來了嗎？你已經不客觀了。你的目標混淆了——你買那間房子並不是為了它的大廳，而是為了它的租金收益。你該關注的是大樓的屋況及租金行情。你必須保持客觀，忘掉那個大廳是否投你所好。

● 錯誤8：傲慢

輸掉自己的錢、被洗出場是一回事，但自己的錢歸零、順帶再加上別人託付給你的幾百萬美元，這又是另外一回事了。那次的事件，其實起初錯不在我，但我卻沒能提早發現。我的錯誤在於，當事情開始不對勁時，我卻沒有察覺——因為我太自以為是了。

當時我的基金管理業務發展得很不錯，我自然是志得意滿。我有其他助手負責管理與執行資金交易。而我，自以為是坐著飛機環遊世界的交易大亨。我高高在上，對一切滿不在乎。每當我看到報表上的數字時，並沒有仔細觀察就輕信了它們。這都是傲慢造成的後果，並帶給我致命一擊。這就是發生在我身上的事。我希望這個故事能讓你避免犯下相同的錯誤。

我如何輸掉一切？

我在七〇年代中期創立的合夥企業，是一家大宗商品期權的造市商（Market Maker）[1]，簡單的說，我們就像是一個清算所，負責為自己和客戶的帳戶，買賣大宗商品的期權，而這也代表我們必須握有大筆資金。一開始，我透過抵押品從瑞士銀行得到資金。交易進行得不錯，客戶也源源不絕。

對期權市場管理者來說，一切都必須做對沖（hedged，也稱套期保值）。這代表當我們同意買進10億美元的期權時，必須同時找到買進10億美元期權的買家，而買進賣出的差價正是我們的利潤，我們透過對沖避免風險——當客戶買進我們的基金時，他們會先支付最低金額的保證金，並約定三倍於此的數額作為準備金。舉例來說，若客

1 意指一種經紀自營商，持有一定數量的特定證券，同時提供買方與賣方報價，以撮合這些證券的交易。投資人若接受造市商的賣方報價買進某證券，造市商會把手頭的證券賣出，然後嘗試買回等量的證券，以補充庫存。

戶以5萬美元的現金做交易，必要時他就得再投入15萬美元。

當時，我有一位合夥人。他是一名量化分析師，負責協助我測試、運作交易系統。我掌外，他掌內，負責管理帳戶。我一直都仰賴別人執行自己的想法，或許是因為閱讀障礙與眼盲的緣故吧——我需要另一雙眼睛。我仰賴那些能夠協助我處理數字的人，並且能在理解我的交易理念後，聰明地進行數學工作。而我的合夥人正是扮演如此的角色，我相當欣賞他。他的太太與孩子人都很好。他和我公司的其他夥伴一樣，一開始他們拿的是公司的股份，而不是薪水，畢竟在我創業之初，根本沒有多餘的錢。但隨著公司的業務蒸蒸日上，他的報酬也隨著他的表現越來越豐厚。

當時我們真的幹得不錯，我的法律顧問賽蒙說服我把家和公司都搬到紐澤西，以節省稅收。過去我在推廣搖滾樂團時，曾路過紐澤西的賽米特城，我對那裡豐饒的綠意印象深刻。於是我和妻子席碧兒決定搬到那裡，展開新的生活。我的辦公室位在紐渥克蓋特威大樓的九樓，而賽蒙的辦公室則在十四樓。

那真是一段令人振奮的時光。我們的期權交易管理公司飛快地成長，一開始我手上可運用的資金為500萬美元，然後慢慢成長到1,000萬。接著，我們用同樣的交易策略開了另一間公司，但操作的不是大宗商品，而是債券與國債市場。這又讓我們募得另一筆千萬資金。

我很享受那些年的時光，我用獨樹一格的方式賺錢，而這正是我最熱衷的。舉例來說，當我聽說芝加哥交易所的首席經濟學家理查·山德（Richard Sandor）博士開發出第一個政府利率期貨合約時，我告訴賽蒙我也想這麼做。「我們可以做得很好，」我說。

「賴瑞，這太聰明了！但我們不知道該怎麼做吧？」他如此答道。

「噢，那我就打電話給山德博士，看看要怎麼做啊？」

「你認識他嗎？」

「不，不認識。」

「那麼你打算怎麼跟他碰面？」

「我會去搭飛機，然後直接走進他的辦公室。」我解釋說。賽蒙總是很訝異為什麼我可以約到那些大人物。我不知道該如何說明，但我似乎就是有這個能耐。或許是因為我不怕失敗吧。他們能拿我怎麼樣呢？頂多就是不理我罷了。

幾天後，我人在山德博士的辦公室。他是一個極度聰明的人，我們談得很愉快（原來他跟我一樣，也在布魯克林長大）。有了他的提點之後，我便開始進行利率期貨的交易。

• • • •

一九七九年十一月，風雲變色。

過去十年來，通貨膨脹率一直在加速成長，當時已超過11％。而剛上任的聯準會主席保羅．沃克（Paul Volcker）主張要致力對抗通膨。他準備了一系列的升息計畫。我們的客戶預期市場將出現大幅波動，於是紛紛加碼買進我們的基金。

但就在十一月，賽蒙接到了一通電話，電話另一頭，是我的合夥人。

「我必須老實跟你說一件事，」我的合夥人說，「等說完以後，我會直接從窗戶跳下去。」

我不知道賽蒙有沒有相信他的話。但這顯然是嚴重的警訊。

賽蒙堅持我也得在場。我在一小時之內趕到，我們三個人在賽蒙的辦公室中碰面。當門關上時，合夥人終於向我們坦白了。

「我沒有做對沖，」他說，「我很抱歉。我做了10億美元的單邊交易，但沒有做對沖……」他的聲音很鎮定。他談了幾個沃克的利率政策，然後告訴我們，帳戶裡已經沒有什麼錢了。他甚至不知道確切的餘額是多少。

我不得不重新整理他的話。我情不自禁地脫口問道，「為什麼？」

「我以為沃克會停止升息。」

一直到多年後的今天，我仍然想不通為什麼他決定搞砸我們的系統，並且完全不問我或其他人的意見。是因為他過於自我、過於貪婪或是過於恐懼，讓他賭上輸光一切的風險呢？這一切沒有答案。他這人非常聰明，不但智商高，拿的也是菁英學校的獎學金。他長得迷人，家庭生活美滿。只不過，他的世界已天翻地覆。

事實證明，我的合夥人從很早開始就已誤判形勢，但卻一直不敢跟我說，而是用其他交易來掩蓋真相。很顯然的，當他每天在檢視數字時，都看到情況變得越來越糟，但他卻因為過分恐懼而毫無行動。我常常跟人說：**第一把輸掉的錢會帶來好運，因為你可以趕快離場**。但他的情況卻並非如此。他並未及時行動、處理問題，反之，他徹底崩潰了。或許我也不明白真相，但他的內心或許渴望一切終將好轉，他可以得救。公司有另一個人負責核對帳目，但後來我才得知，我的合夥人誤導、威脅此人。因此，事情被藏在暗處，無人知曉。

賽蒙和我則是賠慘了。賽蒙才剛說服幾個律師事務所的同事與其他客戶買進我們公司的基金，現在他們也全都慘賠，其他受牽連的還有不少朋友與其他客戶的朋友。我們相信，所有人都要破產了。我們欠了政府、經紀商、銀行，以及幾間大型金融公司一屁股債。「老天啊，」我的合夥人說，「他們會殺了我們！我現在也得跳樓了。」

幸好，窗戶是鎖著的，否則我真的覺得賽蒙會跳下去。我們陷入愁雲慘霧之中。然而，我的大腦本能地開始設想保命的方法。我像是置身於一顆慘遭烈火焚燒的樹上，我必須趕緊攀到一根尚未冒出火苗的樹枝上，以便脫身。我想到，既然賽蒙的律師事務所夥伴已經跟我們在同一艘船上了，他們必定會想方設法，幫助我逃出生天。

接下來幾天內，我們根本睡不著覺。當一切塵埃落定時，我們終於看清了眼前的殘局。我們欠了 700 萬美元。

更慘的是，我得繼續和那位合夥人一起工作，解決這場災難。你恐怕會問我，我怎麼還能夠和曾經欺騙過我、並造成公司巨額虧損的人一起坐下來好好工作呢？嗯，這其實並不難。我把人生劃分成幾個目標，我的偏好並不重要，要做的事才重要。我必須掩蓋掉自己的情緒。我的合夥人是負責管理帳目的人，而我必須和他一起解決問題。

當朋友問我對這件事有多不爽時，我回，「如果是賠6.9點的小錯是還好啦，但賠100點真的太誇張了。」幽默感也無法解決問題。在那段期間裡，我每天早上醒來的第一件事，就是嘔吐。

那個時候，老爸的生意失敗，而我當然負起了養他的責任，這是我從小聽到大的道理。我打電話告訴他事情的來龍去脈。「聽著，老爸，我不知道我撐不撐得過去，我現在欠了上百萬美元。其中有個人，我甚至就欠他400萬美元……我的問題太大了。」

「不。」我爸回答道，「這不是你的問題，而是那個人的問題。」

這句話真是有其精妙之處——我學到弱者的力量。在那之後，假如有人對我大吼大叫，我會叫他住嘴，因為當你已懨懨一息時，誰也傷害不了你。這滿有效的。

我們決定了行動方針。由於我手上的交易至少做得還不錯，因此還有點現金可以拿來支應債務，儘管與我們所欠的債務相比，那點獲利猶如滄海一粟般微小，但請記得：如果你欠別人錢，你最好先試著付點現金，再來協商餘款。通常人們都想拿回自己的錢，如果現在能拿回一半，總比之後追索不成來得好。我們欠了三間大型金融公司的錢，其中有兩間願意跟我們協商。

在債務協商的同時，我把手上的白銀與黃金做多，走勢還不錯。我們和金融公司的協商結果還算良好，至少讓我們保住了一些部分，即便我們還是輸了很多，但至少比起一開始的慘況，我們把損失的倍數降低了些許。

接著，我和賽蒙一一與其他投資者見面。在一百個投資者裡面，大約有九十八個願意和我們碰面談談。我們告訴對方，我們已採取了哪些措施來控制虧損的範圍，而我們「只需」要求質借（pledged）利潤的三分之一作為保留（這是他們一開始投資的兩倍金額），並用這筆資金讓我們留在場上，想辦法贏回他們的錢。所有人都答應了，只有兩個人拒絕。

我和律師、會計師、投資者一同協力，讓債權人稍安勿躁，儘可能不要走上法庭一途。我記得自己跑到加州拜訪其中一名投資者，他在鄉間有座巨大的莊園，裡頭養著無數員工，每年的營收約1,000萬美元。「你真的很有種。假如其他人膽敢跑來再和我要求另外的100萬，我絕對會放狗咬他。我不會給你錢。不過我也沒打算放狗咬你就是了。」

此時，國稅局開始調查一位和我們合作的交易員。我們是他最大的客戶。如同我先前所述，我們採用的避稅手段是合法的，而且我們已經建構了一套基礎架構，我還聘請律師撰寫稅務意見，解釋其合法性。雖然我很有可能遊走在模糊地帶，但我從未真的越線。我不確定那位交易員是不是做了什麼犯法的事，但我知道國稅局的手法通常是要求對方指認自己的朋友或客戶的不法情事。我非常害怕，他會因此指認我，並讓我吃上牢獄之災。

我必須把這件事告訴我的妻子席碧兒。她剛懷了第一胎，而且也才剛得知我們已經破產。現在我還得告訴她，我可能會去坐牢。

她靜靜地站著，試著接受我說出來的話。接著，她用很英式的風格說道，「你這種人一定會想出辦法的。」然後便轉身上樓。這是她從頭至尾對此事的唯一評價。

她說得沒錯。我當然可以去找別的工作，留下這個爛攤子。但是，我想出辦法了。我看了看眼前的債務，決定回頭，做自己最擅長的事。我希望可以修正我的交易系統，並且將單一個人的裁判權完全排除在外。很明顯的，我不相信別人了。因此我決定自己拉自己一把，從頭來過。有些人生來就有毅力，也有些人需要靠後天的練習。無論如何，假如你打算投資，或者在人生中做些大事，你就必須接受挑戰、重新爬起來，並為此屹立不搖。我的堅持不懈，讓我的人生得以成功。但是我也必須承認，這一次真的輸得太慘烈。我心裡暗暗思忖，該如何重新站起來。於是我開始擬定新的計畫。

第二部分

明特基金、金融怪傑和堅守原則

THE MINT FUND, MARKET WIZARDS, AND LIVING THE RULE

第六章

先知道自己在玩什麼

Making Mint: Know Where You Are Playing the Game

我有個很大的計畫，但我破產了，我急需收入。幸運的是，機會來了，有個加州的客戶希望我協助他制定減輕稅務負擔的策略。他給我10萬美元的佣金，這足以支撐我的家庭開銷與公司營運費用好一陣子（我的花費向來不多）。我不知道這份工作會持續多久。之前我一直忙於處理合夥人的爛攤子，並且嘗試建立新的公司，而這些都不會帶來任何收入。

我希望打造一個科學化的交易系統，並且將人類情緒的變因從買賣決策中排除，也就是純然靠統計方式運作，並嚴格遵守預先擬定的規則。一開始，我得先找個有受過專業訓練、新的合夥人，並且建立模型，仔細檢驗我的想法。有個朋友將他的妹婿——彼得．馬修斯（Peter Matthews）介紹給我，當時他年近三十歲，剛從美國大學（AU）拿到統計學博士學位。

彼得當時是聯邦政府的諮商顧問，但是他對期貨交易很感興趣。他和我在紐渥克的辦公室會面，我告訴他，我對由人性主導的交易模式相當排斥，因此我希望能建立一套屏除人為因素的自動化交易系統來賺錢。接著我說服他加入我的公司，儘管當時我沒有任何資金可以支付他的工作費用。我說，「如果這套系統成功了，你可以得到分紅，並成為合夥人。」他非常聰明，而且夠年輕，可以承擔風險。他答應了。

在一九八〇年代建立自動化交易系統可是個大工程，這在當時似乎算是創舉（我現在才知道，艾迪．賽科塔和其他人曾在七〇年代嘗試過）。當時並沒有任何教科書或指南可以參考，我們還需要使用能處理大量數據的大型電腦。

儘管有著重重障礙，彼得仍開始著手建立我們的趨勢追蹤交易系統。他編寫演算法來監控多樣大宗商品的移動平均價，從中識別標的的上漲趨勢，並用電腦計算這些趨勢持續下去的機率，同時將風險過高的交易排除在外。最後，在滿足特定條件的時候，電腦將自動觸發、執行買進或賣出的指令。這在當時是一件相當困難的事（現在大家都可以透過手機下單了）。即便彼得可以在晚上利用美國大學的電腦工作，但進展還是相當緩慢，有時甚至還必須以手寫計算的方式，檢驗他的成果。當時我確實很懷疑，這一切是否有可能成功。

打從一開始，我就希望這套自動化交易系統可以在任何市場進行交易。這對當時的交易邏輯而言相當創新，不過既然我買賣過豬腩、玉米和咖啡，我相信不管在哪個特定市場，人類的行為都大同小異。此外，透過多市場的交易策略，將有助於我們的風險控管。我們也建立了對沖規則，不管是做多或做空，都可以免於巨額歸損的風險。

經過一年的苦戰，彼得完成了他的設計，並把麥可·戴爾蒙（Michael Delman），一個約莫二十歲的傑出電腦工程師帶進團隊（最初他是我們的顧問，後來成為初級合夥人）。麥可對金融一無所知，不過這沒關係；他的工作內容是測試彼得的模型是否可應用在大規模的交易中——這涉及到購買與輸入大量的歷史交易數據，藉此讓我們的系統回測過去歷史的績效表現；我說的可不是一個月或一年，而是橫跨數千種不同市場與時期的運作。當然，結果很明顯：就算你之前的交易做對了，也不代表你未來就會成功。即便歷史回測有其缺陷，但類似的模擬還是有其可觀之處，因為它根據的是真實的市場情勢與數據，這遠比純粹靠臆測來得有意涵。結果呢，科學證明我們是對的。我們的交易系統有效。

我們花了不少時間修正、將系統最佳化。例如，我們還測試了不同的持有時間，以衡量系統的表現。對我們而言，用日曆年份評估績效表現的做法實在太過粗糙，因此，彼得與麥可量化了不同時期內獲利的可能性。在我們的測試中發現，在六個月、十二個月、十八個月的持有時間，獲利機率分別為90%、97%與100%。

一九八一年四月，在結束無數關鍵性的測試之後，我們成立了明特資產管理公司。

站在巨人的肩膀上賺錢

明特公司是在危機中誕生的，但一九八一年一趟收穫頗豐的倫敦之旅，也促成了這間公司的成立。當時，我們找到了新的經紀合作夥伴。

為什麼要選擇倫敦呢？因為美國的公司營運成本實在過高，其稅額亦是高於全球。不管是聘請律師，或與投資銀行及其他中間交易商合作，都得花上大筆開銷。此外，一九八一年時，一項新法規破壞了我多年來使用的避稅架構。當時全球交易正在起飛，其他國家比美國更適合期貨交易，而倫敦正是敲開國際金融市場大門之處，因此，我決定在倫敦一顯身手。

在一次會議中，我試著和其中一名期貨經紀人達成轉介客戶的協議。我問他，若我把客戶轉介給他，他是否可以支付佣金給我。他說不可能。這次會議的時間相當短。在我離開他的辦公室時，我在候客室停下腳步，並從我先前閱讀的雜誌中偷偷撕下一頁關於另一間期貨公司的廣告。我把那頁廣告放在口袋裡。接著，我按照廣告上的電話號碼打過去，跟大衛・安德森（David Anderson）通上話，他答應和我碰面。

現在回想起來還滿有趣的。如果我不是那種早就習慣在失敗中打滾的人，那麼我恐怕會在遭到拒絕後，垂頭喪氣地走出那間辦公室。但我的個性並非如此。我總是在失敗後立刻設想下一步，也就是撕下那一頁廣告。從很多方面來看，這個舉動正是「趨勢追蹤」的小小縮影——當一個趨勢的發展不利，那就立刻放棄、離場，尋找下一個目標。我們也可以用約會原則來檢視：如果你的約會對象很糟糕，難道你要因此放棄下一個對象、孤老終生嗎？

和大衛・安德森的通話改變了我的人生。他是倫敦期貨交易的先驅，也和艾德曼公司（ED&F Man）熟識，後者是全球頂尖的大宗商品交易商和貿易公司。當時，安德森與曼氏才剛剛合資成立了安德森曼有限公司（Anderson Man Limited），這是曼氏踏進商品期貨市場的第一步，安德森為他打開了這扇門。而我和我的合夥人也由此入門。

我們和曼氏建立了顧問關係，並讓我們的交易系統得以在全球數十個市場上運行——我們在美國原來的辦公室運作、操作這套無須經由人為干預、通過嚴格回測驗證的交易系統。當系統提示交易建議時，我們就將訊息傳送給曼氏，由該公司在倫敦執行交易。

我和我的合夥人們有著完美的互補關係。我負責擘劃概念、在外奔波談生意——麥可揶揄我一週大概會生出二十個點子；彼得則是負責管理交易程式並進行數據分析的數學之腦。至於麥可，他執行所有跟電腦有關的工作，並確保一切業務都在軌道之上。

在明特公司成立的頭兩年，我們每年成長20%以上。人們開始注意到這一點。然而，這個成績跟我心中的藍圖相距甚遠——此時，仍舊很難推銷我們的基金模式。沒有多少人願意青睞明特公司。當我跟他們說，我們用某某方式交易咖啡、黃金時，對方會愣住，甚至立刻掛斷電話。時至今日，系統化交易（Systematic Trading）[1]早已被廣泛接受，但對當時的大眾而言仍屬未知、不可信賴與不受青睞的選項。但容我再說一次，對一個有閱讀障礙的小孩來說，失敗根本不算什麼，因此我毫不在乎。我總是能整頓好自己，趕赴下一個會議，尋找下一個可能的機會。

讓我們有所突破的關鍵點在於，曼氏所擁有資本、名聲與全球網絡。

一九八三年，我和曼氏的總裁見面，期望他可以買進明特的股份。他似乎興趣缺缺。曼氏是來自上流階級文化的菁英。該公司成立於十八世紀，最初是一家交易糖的貿易商，並與英國海軍擁有長達兩百年的交易關係。同時，它也是全球最古老的大宗商品交易公司之一，在全世界都

---

1 業界亦稱為量化交易或程式交易。意指將自己的交易理念與規則程式化，透過電腦執行買進賣出，使整個交易流程自動化。

有經紀商，業務涵蓋範圍從歐洲至剛果，其客戶多半為大型製造商與政府單位。另一方面，剛起步的明特，則是一家商品交易顧問（CTA）公司，這意味著我們提供個人投資者買賣、對沖的建議，但我們的系統化交易技術在當時顯然太過魯莽，而且對曼氏而言，恐怕過於冒進；曼氏的人也不認為我們的交易系統可以做出比人類更為精準的判斷。只不過，曼氏仍展現想切入這塊市場的興趣，於是我提供它幾乎難以拒絕的豐厚條件：以明特50%的股份換取我和合夥人們五年的薪資、可自由使用曼氏的大型電腦，以及500萬美元的貸款，讓明特的業務可以步上正軌。

這筆交易對我來說就如同美夢一般，因為曼氏擁有我無法企及的銀行網絡、資金與高價位電腦。而對曼氏來說，這也是一筆好生意，因為它可以在一個新興且快速發展的領域賺到不少利潤。此時，大宗商品期貨交易正要開始熱絡，而沒有多少人擁有合法的策略進行交易，並得以妥善管理風險。

曼氏點頭了。先生、小姐們，我們準備起飛啦！

• • • •

你一定會想知道，自己在賽局中所處的位置。從不同觀點看來，倫敦對我而言是上乘之選。當倫敦成為我的另一個落腳處後，我開始發揮文化人類學家的精神。我對自己說，「我們都說英文」，現在我只要搞懂「他們在說什麼」就好。很快我就發現，我的英國同事們總有言外之意。（關於這點，和英國人結婚似乎沒有什麼幫助。我太太人很真誠，和我那些同事截然不同。）

我一點一滴的學，並且慢慢開始喜歡曼氏公司的人。他們不但有禮，而且可說是我遇過最聰明的同儕了吧。對我來說，倫敦根本是天堂。當時，反猶太主義在英國大行其道，但曼氏公司則不然，而當我證明自己以後，更是得到同儕們相當的認肯。我發現，英國的同事們都很想大賺一筆。

當然，對他們而言，來自布魯克林的我似乎太過強勢。我記得有次大家圍著一張大長桌開會，桌上擺滿無數的電話。當時我正和負責全英國最大商品交易所的律師會面，討論可可交易的事。他那個人非常英式作風，而我試圖說服他改變風格。我用力地強調，「這對每個人都好……」

「好吧，那我來寫封信……」

我立刻彈起身來，抄起眼前的電話拿給他。「現在就打給他！」我說。

英國人絕對不會這麼做。但是對布魯克林的小伙子來說，做事就該這麼直截了當吧。當然，有些時候我會用比較委婉的做法，讓溫文儒雅的同事們更自在些——這就是為什麼你得知道自己身在何處，以及知道自己在玩什麼，包括理解遊戲規則與賽局中其他玩家的觀點。如果你能順應局面，就可以增加你所做之事的勝率。雖然我喜歡他們，但我不喜歡玩辦公室政治。如果你也遇到相似的情境，那麼請特別注意你所處環境的互動規則，你必須懂得運用這些規則玩你想玩的遊戲。

曼氏曾經是一家現貨交易公司，對該領域而言，信用無比的重要，因此他們與銀行擁有極佳的關係，並且聘請不少前銀行家擔任要職——這為明特帶來龐大的好處。透過曼氏，我可以和中東、歐洲、澳洲，甚至是日本等幾乎是全世界的企業做生意。即便如此，要說服其他人接受我們的交易系統，仍舊相當吃力。

舉例來說，我曾和澳洲一家老牌的金融公司會面，那裡從來沒有人像我們這樣操作基金。我解釋了我們的系統是如何運作的，並要求該公司為我們持有債券，而我們則提供擔保給它。通常，一旦交易成功之後，對方會得到佣金，這樣就結束了。但是我跟他們說，如果他們願意跟明特合作，他們可以從擔保項目中持續獲利，而不是只能賺一次性的佣金。我想他們不排斥這項提議。

一九八八年時，明特已達到較七年前剛成立時，年均報酬率30%的水準。在公司運作最好的時期，約有年均60%的成長（當時碰上一九八七年的股市崩盤），而最糟糕的一年也有13%的成長——我們受到商業媒體廣泛的關注，包括一九八六年《商業周刊》（*Businessweek*）頒發的「最佳」獎項。爾後，傑克．史瓦格在一九八九年出版的《金融怪傑》一書中描繪我的生平。

很快的，搭乘協和號班機前往不同辦公室成為我日常生活的一部分。我不時要踏上三個半小時的旅程，往返倫敦與紐約。我往往在週日晚間飛到倫敦工作，並在該週奔波至不同的歐洲城市。接著，我會在週五下午搭上協和號，回家看看小孩與妻子。由於我的飛行里程數實在太龐大，協和號公司還為此送我一件皮製的飛行員外套。一九九〇年，也就是明特公司成立不到十年時，我們已成為全世界最大的對沖基金公司，以破紀錄的規模管理近10億美元的資金。

非對稱槓桿與保本型基金：我的成功方程式

我們之所以能成功，背後最重要的概念之一，是我稱作「非對稱槓桿」(asymmetrical leverage; AL) 的風險管理策略。這個策略正是我致富的方法，希望它也可以幫助到你。從本質上來說，**所謂的「非對稱槓桿」，意指你所承擔的風險和你所能得到的回報，兩者的比例是截然不同的**。或者我總愛用一個簡單的比喻：你只賭幾美分，但卻可能贏到數美元——對居於市場弱勢的投資者或機構而言，「非對稱槓桿」的概念格外重要（請想想大衛與歌利亞的故事）。

這個偉大的概念源自於一場倫敦的雞尾酒派對上。史丹利・芬克男爵（Lord Stanley Fink，後來他成為曼氏集團的執行長）、大衛・安德森，與其他曼氏集團的主管們都在場，他們都擁有絕佳的社交網絡連結手腕，知道如何認識到「對的人」(有錢的投資人)。那天晚上的活動是曼氏集團贊助的，席間我和一個傢伙聊天，結果發現他是一位「高資產淨值」的投資人。

「你的投資收益還滿驚人的，」他對我說，「但我目前的基金經理人，他們的表現也接近這個水準，但你的收費高多了。你收取2%的管理費，以及20%的利潤。而他們不收管理費，只收20%的利潤……那我為什麼要把錢交給你呢？」

那晚回家後，我苦思他所說的話。我明白他的意思。我問自己，「這個問題該如何解決呢？我要如何吸引更多投資人把錢交給明特呢？」那時是一九八五年，我有了自己的房子與兩個小孩。曼氏集團可以獲得明特50%的利潤，剩餘的部分我還得分潤給其他合夥人。因此，我希望可以做得更好。

於是，我向我的合夥人提出「零損失」(no lose) 基金的概念——假如我們把投資人60%的錢拿去買進五年期的美國國庫零息票債券，那麼這筆錢將非常、非常地安全，並且可能在五年後增值一倍（別忘了，當時是八〇年代，利率極高）；接著，我們再把另外40%的錢投入我們的交易系統中。

這麼做最壞的結果就是，假如我們的交易系統失效了，我們依然可以在五年內返還本金給投資人（並扣除我們的管理費）。換句話說，我們可以這麼告訴投資人：現在交給我100萬元，我們保證五年後你可以收回這筆錢。

你唯一可能的損失就是時間。然而，你卻有很大的機會可以贏得一大筆的資本收益，因為我們的交易系統年復一年實現了傲人的績效——我們稱之為「明特有限擔保基金」（Mint Guaranteed Ltd. Fund）。

當我們宣布成立這檔基金時，得到不少鎂光燈的熱烈關注。包括《紐約時報》在內，有些報導認為我們太過樂觀，一家主流的英國報紙甚至在批評我們的報導旁邊，另闢一個討論「龐氏騙局」的專欄，其暗示不言而喻（曼氏集團的高層原本打算告那位記者毀謗，但後來決定請他吃個午飯，釐清事實）。但毫無疑問的，這檔基金上路了，我們在第一年就賺到7,500萬美元。

我總是在尋找「不對稱」的機會，而我也建議你將這個觀念帶進你的人生中。當我向曼氏建議收購明特公司的股份時，我提供對方的正是「非對稱槓桿」的機會，儘管當時還沒有這個稱呼。數年後，我為曼氏集團的合夥人們撰寫了一份白皮書，解釋明特所做一切的哲學與財務現象。事實上，從來沒有外部人士讀過這份分析報告，而現在我將與你分享。

在這份報告裡，我總結了明特公司與曼氏集團的非對稱槓桿合併。摘要如下：

非對稱槓桿的原理相當特別，因為它提供了傳統槓桿原理，在除去潛在風險後的收益……

曼氏集團的收購對雙方而言，都是極好的非對稱槓桿交易。當時曼氏的資產總值超過1億美元，而收購明特的風險僅有75萬美元，僅佔其資產淨值的極小一部分—他們有機會買下明特50%的股份，而僅有5%的機率會賠上75萬美元，因此真正的風險約為4萬美元，而有大量的統計數據顯示：他們根本不可能會輸。

對我，以及對我的合夥人戴爾蒙與馬修斯來說，我們也得到最佳的非對稱槓桿誘因，那就是時間與金錢。我們能握有數百萬美元的資金長達五年，這筆錢將掛在我們的帳戶中，外加最低的收入保障。

維繫雙方最初合夥關係的結構性因素為：

（A）預先確定的交易風險概率。

（B）期貨保證金可支付短期國庫券（T-Bills）利息，而曼氏集團可以在優惠的狀況下貸款，取得便宜的融資。

這也是讓我們的有限擔保基金得以運作的原因——當

我們啟動第一檔有限擔保基金時，我們擁有200萬美元的現金流，並可承擔25萬元的風險，而該年度末這帶來5,000萬美元的收入。對比最初25萬元的投資資本，我們的回報高達四十倍，等同於當時現金流的12.5%。

這份報告的用意，在於讓我們的合夥人運用非對稱槓桿原理，發展新的策略（完整的報告內容請見本書最終章的附錄）。我舉了不少例子，好比明特公司與中東金融機構的互動。我們為該機構的投資者們建立了1,500萬美元的伊斯蘭投資組合，並獲得每月23%的利潤，而明特本身沒有冒任何風險。

在上述經驗裡，我學到非對稱槓桿原理背後的三大訣竅，而正是這些訣竅讓明特基金成為全球最大的CTA商品交易顧問。這些祕方人人都可以理解，你也可以將之運用到不同的商業、投資、政策與生活情境中。

• 訣竅1：時間

通常在生活中，你移動得越快越好（雖然並非絕對）。但如果你能在時間推移中找出最好的機會，就可以提高自己的勝率。這個道理我在前面的章節中曾討論過，但我們可以進一步檢視，非對稱槓桿作用裡的「時間」因素有多麼關鍵。在有限擔保基金的框架下，我們讓投資人等待五年的時間——對資產增值而言，時間是最有利的槓桿。唯有時間，讓我們可以透過債券期限獲得大量的交易機會。儘管五年的時間並不算短，投資人仍然願意與我們同行，因為我們提供了「零風險獲利」的夢幻投資組合。

• 訣竅2：知識

假如你不懂得機率，那麼不太可能做出聰明的投資選擇。讀到這個章節的你，應該早就明白對任何決策而言，機率的重要性。但是學習你所玩遊戲的相關知識也相當重要。在明特公司裡，我提供了經由數十年時間所累積的交易經驗。我也與擁有統計學與電腦知識的夥伴合作，而這些都是其他交易者尚未使用的技術。如果沒有他們，明特就不可能存在。此時，我已經學會了信任。

以「知識」作為驅動力的非對稱槓桿案例，最精彩也最著名的，莫過於美國職棒大聯盟的奧克蘭運動家隊，在總經理比利．比恩（Billy Beane）管理下的成功故事——正如同麥可．路易斯（Michael Lewis）所寫的《魔球》，以及由布萊德．彼特主演的同名電影一樣。

當比恩在一九九七年底成為運動家隊的總經理時，那是一支棒球史上戰績最糟糕的球隊之一，也是全聯盟薪資最低的球隊之一。在那個年代，大多數的棒球球探都使用相當主觀的方式尋找潛在球星——他們尋找一系列有加分特質的球員，好比臉蛋帥氣、球速達到99英里的怪物投手，或者揮棒氣勢驚人的野手——比恩認為這些選秀標準都是鬼扯。相反的，他認為可以用「數字」來衡量一位球員的表現，他開創出一套尋覓所需人才的統計方法，並且徹底改變了棒球比賽。

假如你有看過《魔球》這本書或電影，那麼你就知道比恩所做過的最重要的決策，就是雇用了保羅・普達斯塔（Paul DePodesta）這位擁有哈佛經濟學學位的助理。他們倆運用了賽伯計量學（sabermetrics）的分析原理，去分析球員的表現。有些被其他球隊看衰的球員，以及可能用較低薪水簽來的球員，都擁有一些不屬於「主流」的本領，例如高上壘率，或極具打擊爆發力的板凳球員。運動家隊靠著這些不斷增加的優勢，戰績逐漸超越那些砸大錢從自由球員市場挖來一線球星的豪門球隊。**數據分析顯示，兩支薪資差距南轅北轍的球隊，其比賽表現卻有可能在伯仲之間**——這正是比恩所運用的非對稱槓桿原理。

透過非典型招募的知識來源，比恩得以在一個所有人都在做主觀決策的產業裡，進行「客觀理性」的決策。一九九四至二〇一四年間，運動家隊曾八度打進大聯盟季後賽。即便比恩本人的薪水差強人意，但卻能做出極富知識性的決定。

今天，大聯盟的每支球隊，甚至是美國職籃NBA，都在運用統計分析經營。比恩的非對稱槓桿優勢，也因此而減弱。但是他的數字革命並沒有因此被淡忘。他甚至開始以其他方式運用非對稱槓桿原理——他質疑棒球界在九局賽事中，使用單一投手主投七局、甚至八局的傳統作法。由於先發投手往往因此遭受非常嚴重的運動傷害，也令全美的先發投手相當短缺，需求量龐大，因此當時的職業球隊開始使用新的策略，讓單一投手不得在賽局裡投超過一百球，藉此保護球員的手臂。最優秀的醫學研究也支持此一策略。而比恩與其他幾位經理人深知這個趨勢將從此改變棒球比賽的面貌，因此他開始進行「後防線」的投資，也就是為球隊引進更多優秀的中繼及後援投手。在棒球史上，後援投手的地位、重要性與薪水，都不如先發和王牌投手，但是比恩在數據分析上的知識，以及對比賽不帶感情的客觀態度，讓他再次發揮非對稱原理的優勢——

他花在先發投手上的錢變少了，花在優質後援投手的錢變多了，而後者則開始在賽局中發揮前所未有的功能。運動家隊成為棒球史上的傳奇經典，而一切都是因為比恩運用前所未見的知識與策略，操作非對稱槓桿知識進行管理之故。

● 訣竅3：金錢（別人的錢）

金錢能為你帶來時間、知識，並讓長期的賠率對你有利。同時，金錢也是前述兩個訣竅的槓桿點。在明特基金的例子中，我們用槓桿操作「別人的錢」，也就是美國財政部所發放的五年期國庫券之利潤。正如同我在第三章提到的OPM戰術——**運用他人的錢，正是創造財富的絕佳槓桿策略**。我們也正是運用艾德曼公司所提供的初始資金，創建了明特公司。

一九九四年，曼氏集團在倫敦證交所上市。明特也與他們分道揚鑣，而我持續一陣子的英國生活也嘎然而止。由於我擁有近二十年管理私人資產的經驗，我無法想像在一間上市公司工作，必須為許多政治上的利益負責，那只是意味我必須滿足更多人的需求罷了。

我期望的是，我可以毫無顧慮地測試、執行自己的想法。在做了二十年的資產管理人之後，我只想要好好管理自己的財富，研究我的交易理念，並擔任幾位好友或支持者的顧問。如果你擁有相同的工作近二十年，即便那可能曾經是一片璀璨風景，但你的心裡總不免期待新的挑戰，或是減少頻繁的開會生涯。在曼氏集團成為上市機構時，當時的執行長史丹利．芬克男爵期望我可以加入曼氏的團隊，但是我對研究交易方面更感興趣，而非執行，所以我拒絕了。這個決定恐怕讓我損失了1億美元，或是加減一兩個零。

本書最早的幾個建議，就是要你知道「自己是誰」。而我已經意識到，我最快樂的時候，就是維持獨立狀態、並且能想出新的賺錢點子的時候。一九九四年，是時候將我的遊戲搬回美國，並在家族辦公室（family Office）[2]專注於管理自己的資金了。最終，不管是我、我的合夥人與員工，表現得都相當優異。

我希望你也能以自己的方式、自己的時間，成就類似的槓桿成功原理。或許你賺不到1億美元，但若你採取正

2　對資產管理機構而言，家族辦公室意味著財富管理的最高型態，通常是為極富有客戶提供資產傳承、穩定增值的服務。

確的投資方式，從長遠來看，賠率將會對你有利。我知道對我的許多讀者來說，要拿到10萬美元作為初始資金已經相當不容易了，但在接下來的章節裡，我要教你們如何一步步實踐我的作法，而這也適用於所有的投資人。

第七章

學會我的原則：你要如何實踐它？

How My Philosophy Can Work for You: Applications of the Rule

成功的一大好處，就是有餘力可以幫助別人。然而，每當別人問我特定股票的操作技巧或交易上的建議時（這幾乎天天發生），我都會告訴他們——事情並不是這樣看的！我的交易系統無法像這樣片面地去解讀；但另一方面，我的交易哲學對任何領域的投資新手都很有幫助，不管你的資金是微小或龐大。自從離開明特公司以後，我發現自己相當喜歡面對學生演講，或是指導年輕人該如何累積財富（別擔心，就算你五十歲了，以下的內容也是為你準備的）。

至於那些對我所謂「趨勢追蹤交易」的基礎概念有興趣的讀者，我會在本章的最後多所著墨。現在，我想先分享幾個更重要的觀念。

錢是從哪裡開始滾動的？

如同我在第六章所描述的，早期我在加州的一筆交易中進帳了10萬美元，這筆錢成為我成立明特公司時，初期運用在家庭與公司業務中的資本。或許對很多年輕讀者來說，要籌到10萬美元的資本是很困難的，或者連1萬美元都會令你覺得遙不可及。那麼我得傳授你兩個心法：**想要與計算**。

• 1. 想要

當你正準備籌措第一筆投資資金時，「想要」應該要成為你最心心念念的一件事。或許你也可以把想要置換成「需要」——畢竟需要總會轉化為想要的慾望。還記得嗎？

當時的我，有妻子還有尚在襁褓中的嬰兒要養，我身上卻沒有半毛錢。我的「需要」迫使我前往加州做成那筆交易，最終還讓我敲開了通往倫敦的大門。「想要」的慾望，會帶來一股神奇的力量，驅動你往前推進。關於這一點，我沒什麼好說的——你最好仔細地盤點一下自己，先弄清楚你想要的到底是什麼。

• 2. 計算

你不需要養成頂尖的數學能力後才能開始賺錢。你只要會基本的數數就好了。透過計算，你就能累積到第一桶金。

你知道，剛開始時，我一無所有。但後來我存到了1萬美元，接著透過家人與朋友的支持，籌到了第一筆可供交易的10萬美元。我向客戶收取20%的績效報酬——這代表假設我的基金賺了20%，我僅花了原始投資的10%就能賺到56%。事實上，我的交易績效遠超過這個數字。這就是計算。

但你會問，「我要去哪裡找到最初的1萬美元呢？」

請先算算你現在賺多少錢——用10%的錢進行投資，其餘90%作為生活開支。這聽起來很直白。幾乎所有的投資顧問都會說類似的話，但卻少有人會真的這麼做。舉例來說，我有很多朋友將他們的年終獎金視為是薪水的一部分。他們會用這筆錢，好比3萬美元，去為一場猶太教成年禮買單。但是如果你仔細思考「獎金」（bonus）這個詞，就會知道那並不是薪水的一部分，而是額外的紅利。如果你大方花用紅利，那麼你就很可能是運用了薪水的110%來進行消費——這種計算顯然相當地差。

另一種累積資金的方式，就是接第二份工作——存下1萬美元，並投資5,000美元。（當你開始投資時，請確保你擁有一筆足以應付三至六個月生活開銷的緊急預備金。）

我第一次明白「計算」的道理，是小時候和堂兄弟們在海灘上玩耍的時候。

當時我們原本是打算去賣冰淇淋的，但是我又累又懶，因此我放棄工作，嘻嘻哈哈地到處閒晃。在等著堂兄弟們收工的時候，我和其他小朋友玩起撲克牌來。我的視力很差，但是我看到十個小孩中，每個人都下了1塊錢的賭注。我心想，如果我有1塊錢，並且記住所有的牌，就有機會能賺到10塊錢。

很難想像光靠數數就可以賺錢，但事實正是如此。很多企業都靠數數獲利：保險公司、銀行，甚至連廣告商也運用數學組合追蹤、測試投放廣告的效益。他們計算，並且推測出對自己最有效益的方式。明特公司的基金也是透過電腦來進行數數，我總是希望每晚入睡時，電腦能繼續運作。就像巴菲特說的，「如果你無法找到在自己睡覺時也能賺錢的方法，你就會工作到死為止。」

透過計算利率，讓我賺到不少錢。事實上，我的成功在很大程度上是建立在明智的運用貸款上，以及計算我的支付成本與不同獲利組合之間的差異上。

在我上大學的時候，我的教授嘲笑那些運用5%現金進行交易的人，其他同學也都笑了，而我則正好相反。當時我是這麼算的：我只要花500美元，就能進行1萬美元的大宗商品交易，並從中大賺一筆。

你必須隨時知道自己的資產有多少，以及你可以輸多少、贏多少。當這些數字告訴你：這個賭注是合理的時候，請在資金充足的前提下去下注，如此一來，你的計算能力就能找到合宜的投資方式。請記住：**計算正是思考之門**。就如拿破崙・希爾（Napoleon Hill）所說，「思考可以讓你致富。」

NOTES

明智交易者與笨蛋交易者的差別

- 明智交易者在輸錢的時候，會不斷地減碼。
- 笨蛋交易者在輸錢的時候，會不斷地加碼，試圖把損失凹回來。

風險控管決定一切

我跟「市場先生」一點也不熟，我更不會知道他未來會如何發展，但是我可以控制自己的賭注規模和進出場時機。我們必須牢記第一原則，也就是本書的關鍵：你願意輸多少？在你能夠確實回答這個問題之前，請不要進場交易或跟別人打賭任何東西——只有你最了解你自己，你有多少資源？以及你願意承擔多少負債？但是無論如何，都不要賠上自己的生活方式。

以下，我要介紹幾項我們在明特公司時所運用的風險控管技巧，而這些技巧適用於所有的投資人，無論你操作部位的規模是大是小。

Tips1　用最壞的可能當作你的底線

我總是想知道自己正在冒多少風險，以及我能賠多少。

Tips2　在任何單筆交易中，只允許承擔極小比例的股權風險

在明特公司，任何單筆交易的風險都不會超過我們總股本的1%。請讓我重複一次：我們從未在任何一筆交易中投入超過總股本1%的風險。

Tips3　分散賭注，不斷地將投資組合多元化

確保你的交易組合非常多元，而非只是多樣化的複製。我們在許多不同的市場中交易。而如今，你可以藉由更多類型的金融商品擴大你的投資範圍。

Tips4　堅守你的計畫

和任何優秀的交易系統一樣，我們的交易系統是建立在合理的原則與研究基礎之上。但如果我把它交給二十個不同的人去操作，多數人都會失敗。這是因為少有人會遵守這個系統應有的紀律。就像很多人都會在新年的第一天立志減肥，並在月中就把節食一事拋在腦後。

假如你的交易系統每天都能賺錢，那麼你大概就比較容易持之以恆。但是沒有一個系統可以永遠正確、永遠賺錢——不管是趨勢追蹤或世界上任何一個交易系統皆然。請記得，我們眼前只有四種投資類型：好注、壞注、贏注、輸注。如果你下注一千次，那麼隨著時間的流逝，你終將獲勝。這需要多少時間呢？我們不得而知。因此你必須事先計畫好，當系統開始輸錢時，你該怎麼做？多數人都無法處理輸錢時的局面，當走勢看壞時，他們會試著扭曲、退讓或改變自己的原則（通常那些最聰明、擁有高知識水準的人最愛這麼做）。而你最該避免的就是，有天你不得不和你的合夥人說，「我們已經賠了六個月的錢了……我們該怎麼辦？」

唯有當你在不擔心自己的財務狀況時，你才能在危機中做出最好的決策。如果一個人已經沒有籌碼了，卻還在牌桌上拿出下個月的房租來賭，那麼他絕對會輸。當你籠罩在恐懼之中，是無法做出合理判斷的。

請記住：投資人往往會被自己的情緒給操控。當我還在曼氏集團工作的時期，我的一位同事是英國陸軍的退役上校。他的恆毅力驚人，畢竟過去他是專門拆炸彈的，這可是世界上壓力最大的工作之一。

有次我問他，「你是怎麼辦到的？」

「那沒有很難啊，」他說道，「炸彈有很多種；馬來西亞的炸彈和中東的炸彈不同。你先看看眼前的是什麼樣的炸彈，再把它拆掉。」

我說，「那我問你，萬一你碰到前所未見的炸彈怎麼辦？」他直視我的眼睛回答道，「你得記得當下對那枚炸彈的第一印象，並且祈禱這不會是你壽終正寢的那一天。」

後來有一天，當我走進辦公室時，發現這位有著鋼鐵般意志的男人，雙眼噙著淚。原來那天聯準會做出重大政策的轉變，並因此扭轉了許多主要市場的趨勢。在一夕之間，我們的基金從最初的10美元躍升至15元，又跌至12元，而他才剛剛幫某位客戶在瑞士一家知名銀行中開了戶頭。

我跟他說，「打電話給他！」

「什麼？」他滿臉困惑地問。我又重複了一次，緩慢地一個字、一個字的加重語氣。「叫——他——聽——電——話！」

當我還在做股票經紀人的時候，我的老闆跟我說，如果當客戶賠錢時，若你不趕緊打電話給他們，那麼其他人就會搶走你的生意。而且老實說，當時我就是這樣搶生意的。當我打電話給那些潛在客戶時，如果對方對他的經紀人抱怨連連時，我會順水推舟的說，「噢，他怎麼會讓你去做那筆交易呢……」

所以我拿起電話，向那名客戶解釋道，我們的系統模擬結果顯示，類似這種震盪的行情，每隔幾年就會發生一次，而我相信在九個月之後，我們的基金將會攀升到新高點。我說，「事實上，我剛剛才籌措到一筆款項，增加對這檔基金的投資。」

「你真的這樣做了？」對方很吃驚地問道。我向他保證一切屬實。

是的，結果那名客戶對我們的投資增加了一倍，這也讓我們的基金淨值飆升——他成為明特有史以來最大的客戶之一。或許你會問，我怎麼能對未來如此肯定呢？因為我對自己的交易系統瞭若指掌。幹我們這一行最棒的一點就是，即使你不知道明天會發生什麼事，但你還是知道長期趨勢的走向。

值得注意的是，明特的交易系統並沒有把「看對行情」這件事放在第一順位。我們在乎的是——**當我們輸錢時，要輸得很少，當我們贏錢時，要能贏得很大**。事實上，我們經常在犯錯。我們理解錯誤是無可避免的，所以也經常教育我們的客戶，讓他們能建立類似的觀念。如果你擁有絕佳的交易系統，並且研究好你的贏面、以及可損失的範圍後，你要做的便是有紀律地執行它，即便市場行情是站在你的對立面。在明特的那段日子裡，麥可．戴爾蒙老愛說，「每個人所做的決定都會成為他失敗的機會」。對我們而言，成功的關鍵在於打造出一套自動化系統，而不必仰賴侷限的人力資源來進行每日的交易決策。當時我們所有人都簽署了一份協定，保證不會出手干預電腦的運作。放手的感覺真好！

除此之外，追蹤你的交易波動度（volatility）也很重要。再高明的專家也無法與大幅波動和衰退的市場抗衡。當市場極端震盪時，我們會停止交易，並直接出場。還記得我在第三章所說，要學會把「時間」攤開來看嗎？對投機者來說，真正重要的決策在於決定你要在什麼時候進場。如果情況不對，離開就是上策——永遠要把錢押在贏家身上。

如何尋找與跟隨趨勢？

本書的第四章曾分享過我的趨勢追蹤理論，並告訴你如何將這個邏輯應用在感情與生活裡——這是本書最重要的課題之一。不要死守一年比一年還糟糕的婚姻關係、爛工作、爛投資。你必須離開泥沼並尋找新的局面，不管是找到真正適合你的伴侶，或者是對趨勢明顯快速成長的項目做更多的投資。簡而言之，只要浪夠好、局勢夠清晰，那麼你就要設法站到浪頭上。雖然這聽起來很棒，但問題是，現實世界中的趨勢往往是起起伏伏、一片混亂，我們該如何判斷出真正的大勢所趨呢？

要判斷一檔股票或商品期貨的價格走勢不難。最簡單的一種方法，就是使用「移動平均線」(moving average)，該線代表你所選取時間區塊內的特定資產價格平均值，通常時間區段為10天至200天之間——這正是我判斷股票或期貨走勢的方法。

至於我們該以多長的時間作為判斷基準呢？舉例來說，若以20日至30日的移動平均線作為短期基準，可以讓我們提早嗅到趨勢的變化，但此時的走勢多半相當劇烈；而200日的移動平均線雖然無法提早反映趨勢，但卻更為準確——你可以藉此設定你的交易規則，透過判讀趨勢強弱設定買進或賣出的提示訊號。OK，行動吧！不過整體而言，你的目標就是運用移動平均線提早發現上揚或下跌的趨勢，以免錯過最佳時機。重點在於，判讀的時間要抓得夠長，這樣才能抓到真正的大勢，而非僅是短暫的波動。

當一檔股票的價格站上200日移動平均線之上時，我可能就會買進，並且放著不管，除非確認趨勢反轉，並跌到超過我原先所設定的認賠價格時，我才會出場。我絕不會任由損失進一步擴大。我不是來輸錢的。

你可以將上述原則應用在任何投資組合項目中。假設你無法承受「非退休股票投資組合」的虧損超過5%，那麼你可以在整體虧損超過5%的門檻時，賣出所有下跌的股票——這正是一個能防止自己陷入「最糟狀況」的原則。

你能承受的風險，應該佔你整體財富多少比例呢？這與你有多少資產無關。不管是誰，看到自己的財富價值正在上下擺盪，都必然會有相當大的情緒起伏（無論是積極或消極），而這正是做交易最危險的時刻。「讓獲利的項目持續滾動」意味著「不到停損點就不該賣出」。你應該好好享受大漲的時刻；但是當市場警告你應該賣出時，也絕對不要留戀那些曾讓你獲利豐厚的交易項目。你必須將「執行停損點」納入自己的經濟行為準則之中，如此才不會在壓力之下做出恐慌或倉促的決定，釀下大錯。

那麼，何時該回到市場上呢？這同樣得仰賴移動平均線給你的訊號。反之亦然。假如你已經設好停損點，那麼就不要隨意地離場，該是你的獲利就得是你該賺的。作為一名交易員與投資者，我發現，「讓獲利的部分持續滾動」，對多數人來說，是投資最困難的部分。

追蹤停損與期權的操作準則

很多人認為投資有相當的風險，但其實有一個很簡單的方法可以保護你。當你在買進股票或期貨時，第一步必須下好停損單。如此一來，該項目將在達到你預先設立的停損點時，自動執行賣出動作。

我喜歡設定「追蹤停損」(trailing stop)，因為這個停損法可以隨著標的物的價格變動而隨時修正——「隨時修正」正是最重要的環節。假如你以100元買進，而你願意接受2%的損失（即2元），就代表若你的投資項目跌到98元時，你就該出場了。但是，假如價格飆到110元呢？如果你採用的是追蹤停損，那代表此時你的停損價格會是110元的2%，而非100元的2%。也就是說，在防止損失擴大的同時，你可以保留更多的獲利。

另一個控制損失程度的方式，就是買進「期權」（options）[1]，這是我個人最推崇的避險方式。當你買進期權時（不管是在股票或商品市場），你擁有的是在未來特定時間內，當該商品達到特定價格時的購買權利，而非義務。如果你知道趨勢會如何發展，那麼你就應該要善用期權這個工具。期權的本質就是在制定規則。

舉例來說，你以每股200美元的價格，買進一紙為期三個月的股票期權，實際上你只花了20美元的保證金，隨後，若該股上漲至每股300美元，就代表你得以履約買進並獲得50%的利潤。

操作期權，代表你會承擔兩種風險：時間與價格。股票期權也正是非對稱槓桿原理的完美實例——它們的成本不高，但潛在的利潤卻可以非常巨大。

總的來說，交易系統中的停損機制會讓投資這件事變得很不刺激、少了點戲劇性，但是誰會希望自己擁有一個充滿戲劇性的帳戶呢？

---

1 即「選擇權」，意指一種未來可以用特定價格買賣商品的憑證，操作上可區分為：買權 call、賣權 put。

別用壞注去賭你的運氣

當你知道該如何減少損失時，就能避免你的人生犯下一些危險（或違法）的行為，特別是在人們投資失利、走投無路的時候。大家都知道內線交易是違法的，用專業術語來說，內線交易代表「某人因獲得非公開的重大訊息而買賣相關證券」。而內線交易的違法與否，則「端看交易者進行交易的時間點而定。若交易者於資訊尚未公開時進行交易，則視作違法」。這很蠢啊——首先，你不會知道資訊是否正確，再來，如果觸法了，你就得去坐牢。

我們總是不斷地看到有人因為內線交易而被送進大牢的精彩故事。對我來說，內線交易是最壞的賭注之一，因此從未吸引過我。內線交易的風險巨大。首先，通常你無法驗證消息的真實性。再來，先不管道德問題好了，你的風險／報酬比是難以衡量的，因為還得把坐牢的可能計算進去。這根本荒唐。

如何讓獲利持續奔跑？

當我與家人剛搬到紐澤西薩米特的時候，一開始我們買了一間可供遮風避雨的房子，但最後我買下一間300多坪的大宅，與妻子席碧兒、兩個女兒，一起在那裡生活。那房子很美。這根本是我的夢想。你還記得嗎？在我的成長過程中，我們家根本沒有自己的房子，我是在望向V大道與歐辛大道交界處那裡長大的。童年時期大部分的時間，我連自己的房間都沒有。而現在，我擁有一幢有戶外溫水泳池、寬闊草坪和許多房間的房子。我最愛的是我的書房，那個房間看起來就像是電影《教父》中，柯里昂（Don Corleone）老大的辦公室。

我也幫爸媽在佛羅里達州的好萊塢買了一間公寓，我從小就被教育應該要這麼做。我有些親戚也住在那附近，而且爸媽公寓的隔壁，就住著我前面提到過的那位有錢的叔叔。原本我父親想要一間簡樸點的房子，但被我拒絕了。我媽在布魯克林的朋友，幾乎也都搬到了那一帶，對她來說，能和朋友住得近一些也是件好事。她可以按照自己想要的生活方式，度過餘生。通常，媽媽會比爸爸更擔心兒子，而我的父母曾經歷過大蕭條時代，這也讓她的憂慮感更加強烈。

當爸爸過世之後，媽媽不時會來北邊看我們，然後住上幾天。有一次，當她來我這度假時，在某天晚餐過後來到我的書房。

「看啊，賴瑞，你過得真不錯，但是做期貨太危險了，每個人都這麼說。你已經夠有錢了。不如不要做了吧！」

首先，如果你知道自己在做什麼，那麼期貨交易就不如他人所描述的那般危險。只不過，如果現況太美好了，很多人反而也會無所適從——這也是很多窮人的毛病。

我看著媽媽，並想了想她的問題。「媽，」我說，「我們家族裡誰是最有錢的？」

「噢，當然是你啊。」

「妳希望一直都是如此嗎？」

「當然啊。」她回答。

「好，那我該怎麼做呢？和其他親戚一樣，開一間服飾店嗎？妳覺得我做得來嗎？」我繼續說道，「媽，我懂投資這一行。我研究它很多年了，而且還有很多聰明的博士在幫我工作。我很清楚我在這一行的能耐，如果我放棄我的優勢，進入我不擅長的服裝業，這不是很傻嗎？」

通常我媽總是怕事情來得太美好。但我可不這麼想。我會說，放聰明點，盡情享受吧！我曾經有閱讀障礙、視障、行動不便、在學校的表現奇差無比——但現在我卻住在豪宅裡。世界遠比我想像的更美好。

你可以說我只是個走狗屎運的傢伙。或許吧。但是我認為真正的原因在於——我敢勇於下注，同時我擁有聰明下注的能力。我有明確的目標與計畫。我有絕佳的想像力，並以此打造出一個可以告訴我何時該進入、離開市場，以及何時該加碼的交易系統。但最重要的是，我「喜歡」在市場裡賺錢。通往市場聖杯的路徑有很多條，我在尋找它、以及找到一個能執行我想法之人的過程中，得到很多樂趣。當我賺到錢，就代表我的想法無誤。

當然，我很尊敬我母親的疑惑，並不時會思考這個問題。

奇妙的是，在那段對話發生後的幾個禮拜，我最小的女兒（當時才十五歲，是一個相當聰慧的小孩），她走進我的「柯里昂房」問道，「爸，我知道你很成功，我也以你為榮，但是你不覺得已經足夠了嗎？」很顯然，她也有相同的恐懼。我的妻子和我都是獨生子女。我實在太寵女兒了，也有點過度保護她們的傾向，她們從未面對任何的大風大浪。

我們聊了許久，我解釋了我跟她奶奶說的那番話。我說，這就是我最擅長的事，我沒有理由放棄我的專才——你要讓自己贏錢的項目持續滾動。這就是我的原則。

我發現，我對賺錢這檔事，抱持著「不可知論」（agnostic）的態度。我累積的金錢，是一個得以創造財富的系統之結果，其收益大小其實不是最重要的。我常說，如果你可以保持正直，並運用你的才智來賺取你該賺的錢，那就讓你贏錢的項目，盡全力奔跑吧！如果你可以好好地照料你的家人，那就讓你贏錢的項目，盡全力奔跑吧！如果你按時繳稅，並願意與弱勢者分享自己的所得，那就讓你贏錢的項目，盡全力奔跑吧！

我還注意到，身為一個猶太人與天主教徒，似乎揹負著一種原罪。在如此的信仰中長大，經常會讓我們懷抱著罪惡感生存。當生活過得太好了，你會懷疑自己不值得匹配如此優渥的生活。在我年輕時期，我從未準備好要成功。我甚至不知道如何面對成功。但是當時間一久，我開始了解到，是的，生活有可能比你想像的更為美妙。因此，我也同樣地祝福你和你的家人、朋友。

第八章

堅不可破的原則：投資下一代

And the Philosophy Continues to Work: The Next Generation

在我離開明特公司之後，我開始管理自己的資產。二○○○年時，我成立了海特資本（Hite Capital）公司，這是一間家族財富管理公司，同時也為少數私人客戶提供服務。這讓我得以自由地從事自營交易，並深化對系統化交易的研究與發展。

一開始，我不想要擁有客戶，因為客戶很可能會從獲得最佳「風險調整後收益」（risk-adjusted return）中轉移過來——選擇客戶跟選擇你的投資項目一樣重要。我希望有一個更為刺激與創新的環境，來醞釀新的想法，因此我決定招募新的團隊來運作基金，而結果證明這是非常聰明的選擇。

我聘請了艾力克斯．葛瑞斯曼，他曾在明特做了十年多的研究主管，負責研究及發展交易策略、管理明特的資產，以及總體投資組合的風險。當時，艾力克斯仍在羅格斯大學鑽研統計學，最終取得統計學博士學位。透過艾力克斯，我認識了發明「條件機率」（conditional probability）[1]公式的英國數學家貝葉斯（Thomas Bayes）——假設我們用一套撲克牌中的黑桃A來說明條件機率，那麼黑桃A出現的機率就是五十二分之一；但如果我手上有多套撲克牌，那麼黑桃A出現的機率自然會有所變化，正如同金融市場一樣。在「貝葉斯統計」中，面對變幻多端的環境，你必須使用平均值（舉例來說，棒球比賽中的打擊率正是一種貝葉斯統計數值）。多虧了艾力克斯，我在為不同市場趨勢分配其機率時有了新的策略。

吉爾伯特．李（Gilbert Lee）也加入了我們的團隊。

1　意指A事件在「B事件發生的條件下」所發生的機率。

他曾是明特公司與曼氏集團的資深研究分析師，並負責管理超過5,000萬美元的基金。我們的小團體又回來了，而大夥也很開心能繼續共事。當然，我們的交易哲學和系統都一如以往，只是團隊變小了，手上也僅有幾個觀念相似的客戶。

「正均值」遊戲怎麼玩？

在離開明特公司後，我就靠著這少少的幾個年輕人，一起打拼，並得到絕佳的成果。他們聰明、願意學習，也想要賺錢。一直到現在，我們都仍然是最親密的朋友，而這也是讓你的趨勢隨著人才走的好例子。

許多優秀的年輕人都曾在我的公司工作過，他們往往才剛從大學畢業，有些甚至還在念書。在這些年輕人第一天的工作結束前，我總會如此問道，「好吧，告訴我你在華頓商學院學到了什麼……？」

然後我會告訴他們，他們在學校學到的很多東西通常都是錯的——我指的是所有基於「市場有效」的理論和經濟學概念——我要他們忘掉這一切。我自己能在市場上勝出的原因，就在於我知道「自己並不知道」，而我的優勢則在於我未被定量（quantitative）[2]領域的正規教育所阻礙。直到今天，我仍然喜歡看到那些年輕人臉上驚恐莫名的表情。

• • • •

麥可．拉芬就是其中一個年輕小伙子，他也是我的律師——賽蒙．拉芬的兒子。麥可擁有艾希特大學與華頓商學院的學位，並在九〇年代初期在我的公司實習過，當時他還是學生，看起來潛力十足。

除了幫忙一些打雜的工作以換取咖啡與午餐之外，麥可有機會為我進行研究、提供買賣股票的建議。他發現一檔學生貸款公司（Student Loan Corporation）的股票，那是一家幾乎由花旗銀行獨資的私人銀行，為聯邦政府的中介機構，其主要業務是為學生提供有保險的貸款。

他的研究顯示，大學貸款的需求度呈現上升趨勢，而該公司是政府首選的中介銀行。我檢視了數字、趨勢，然

2 意指一門匯集數學、統計學與程式語言的學問，交易員可透過電腦，從歷史數據或過去經驗中得到關於市場的知識，將知識量化後即可發展出交易策略，即所謂的「量化交易」。

後就加碼投資了100萬美元。接著我告訴他，看看事情會怎麼變化。結果，該檔股票上漲了50%，再上漲了75%，最後上漲了100%(當然，事前我們無法預測這波大漲行情)。麥可是相當有才華的年輕人，因此當他大學畢業時，我給了他一份工作。他想成為投資銀行家，而我告訴他，我會給他一筆錢投資，並分享一部分的利潤。「如果你願意投資自己，我就願意投資你，」我說。

麥可在一九九五到一九九九年間為我工作，接著就單飛了。他的夢想是成立一間全球最大的創投公司（VC）。如同你已經知道的，我相信夢想。我也相信麥可，因此我支持他的計畫，並投資了500萬美元。而曼氏集團也投入同樣的資金。

在海特資本開始營運的初期，我讓麥可與保羅・里茲雅克（Paul Lisiak）使用我們的辦公室。他們起步的時間點非常惡劣。一九九〇年代末期的科技泡沫在一九九九年大爆發，所有被過度高估的科技股都為此原形畢露——我完全理解曼氏集團那些人的反應，「好了，謝謝大家的努力與嘗試，但是我們該放棄了。」這很嚴苛嗎？不，這就是交易的原則啊。

他們當時年輕氣盛，沒準備好要收手。這群小伙子才剛剛收下客戶的錢，準備實現自己的承諾。我對麥可說，「為什麼你不回來協助我和我的夥伴呢？我會付你薪水，你也可以繼續管理你的投資項目。此外，獲利的10％都歸你。」我告訴他，原則如下：你可以嘗試任何想做的交易，但你得告訴我你要冒多大的風險。

一開始的起步搖搖晃晃，他們不得不將公司的業務分流。但最終的結果證明：這是一筆好投資——我們自一九九九年創立的基金，到了二〇〇七年時已為投資人創造350％的報酬。如今，麥可是瑞士信貸（Credit Suisse）的亞洲資產管理業務主管。投資他絕對是對的，他的表現也從來沒有低於我為他設立的停損點，儘管他當初觸及了曼氏集團對他的停損。

麥可的故事還有一個我最喜歡的元素：韌性。當初，曼氏集團同意讓麥可與保羅使用該公司在紐約世界金融中心二十七樓的辦公室。他們在那裡度過了二〇〇一年九月十一日。那天的恐怖情事我就不再贅述了。當時他們所在的大樓遭受一旁世貿大樓的波及而毀損，即便結構尚未崩壞。麥可與保羅無法拯救他們的文件與硬碟，當時既沒有雲端，也沒有備份。我們無法得知大樓會封鎖多久。這些年輕小伙子沒有其他辦公之處，他們當然必須與客戶保持緊密聯繫。我的一個朋友有門路進入大樓。於是我們一行四個人揹著背包，爬上二十七樓，把所有可以拯救公司倒閉的文件都塞進包包內。也因此，他們得以在新的地點展開業務。

• • • •

維克朗‧葛庫達斯（Vikram Gokuldas）是另一位我帶過的趨勢交易專家。

一開始他是明特公司的程式設計師，後來轉做分析師。維克朗向我證明了，他不但願意學習，而且能勝任這個工作。每當公司進行組織變動時，他從不抱怨，並且勇於接受挑戰。現在他為我管理上百萬美元的資產，這也說明了我對他的信任程度——你明白我的思考模式了嗎？當你押對人才，就可以得到絕對豐厚的報酬。

對商業世界來說，要押對人，並不是堅守原則就可以辦到的。即便公司的獲利亮眼、營運穩定，那些幫助企業取得成功的人才，還是有可能為了「符合公司短期目標」而被裁員，而非為了「符合公司長期目標」而被投資。如果你身邊有優秀的夥伴，請給他們一個機會，去滿足和超越你的期待。但千萬不要期待他們會完美演出，因為沒有人是完美的。

• • • •

艾力克斯・葛瑞斯曼是另一位跟著我從頭學起的年輕人。他出生在前蘇聯，在十二歲時移居美國。他在大學時修過數學、統計、工程學，並做過短暫的工程相關工作，不過，他的夢想是進入金融界。一九八九年時，我正尋覓一位能幫我處理交易數據的人才。自一九九〇年初開始，艾力克斯多年來為明特公司處理數據資料。他花了不少時間讓我了解機率與風險的概念。最終我提拔他擔任研究部門的主管，後來也成為海特資本的一員。

艾力克斯讓我徹底了解我們的交易系統。他知道真正的祕訣不在於我們想了什麼，而是「我們如何想」。我記得早年他曾說過一句讓我永生難忘的話。當時他正在看我給他的數據報表，幾分鐘後，他抬起頭說，「你玩的是一種『正均值遊戲』(positive mean game)！」

大部分的投資專家都會使用「正和賽局」(positive sum game)一詞。年輕的投資人與交易員都被教育過，華爾街玩的是正和賽局——這代表市場中每出現一個贏家，就會出現一個輸家。相反的，在我們的交易系統裡，我們可以創造贏家。

在經營海特資本的時候，艾力克斯和我有更多時間進行深入的研究。這真是一段美好的時光。我們沈迷於運用一個擁有龐大歷史價格的資料庫進行演算，模擬不同趨勢追蹤策略在不同時期的績效表現。當我們創辦海特資本時，我曾經在給投資人的信中寫道：

儘管經由本公司眾多博士級分析師進行龐大的運算後，我們仍舊無法保證任何一種特定交易策略可以在短期內達到一定數值的獲利。然而，我們對於不同策略所具備的風險，卻擁有相當確實的掌握，甚至對不同策略組合所具備的風險，也有絕對的精算。有了這些認知基礎後，我們就得以控管不同風險所可能帶來的後果。換言之，我們可以對自己所承擔的風險做出更為準確的預測。

市場上有許多趨勢分析研究者，他們會使用數十年以上的數據進行分析。而艾力克斯的團隊更是神奇地分析了八百年來（對，你沒看錯）的商品與股票投資數據，利用我們的趨勢追蹤策略計算出整體的年均報酬率，期間甚至涵蓋了我在吳哥窟所看到的那些壯闊遺跡時期的資訊。

根據艾力克斯與凱薩琳・卡曼斯基在《趨勢追蹤與管理期貨》一書中所說的：

> **（我們使用了）約近八十四個期貨、固定收益、外匯與大宗商品市場的月報酬率……我們可得一二〇〇年至二〇一三年的數據……一個具有代表性的趨勢系統，代表了在任何可能的市場中，統整數百年來「追隨趨勢」的表現……在任何時間點，為了計算趨勢是否存在，此組合包含了至少為期十二個月的市場。**

哇！我們分析了八百年來的八十四個市場，這些數據的最低門檻是該市場一年的表現。我們的研究顯示：在近八百年的時間裡，我們最具代表性的趨勢追蹤策略，一年的報酬率為13％，年化波動率則為11％，遠遠優於「買進持有策略」所得到4.8％的年度獲利表現。

我們的研究（再次）顯示：這個交易系統對於人性的理解。人性善於創造榮景與泡沫，這是可預期的，儘管我們無法確切得知下一次重大轉折點會在什麼時候發生。沒錯，假如時光可以回溯，我可以在荷蘭的鬱金香泡沫[3]大賺一筆，因為我們的研究表明，趨勢追蹤者可以在鬱金香市場崩盤前離場，並且獲取可觀的利潤。若以一九八七年的黑色星期一與一九二九年的大蕭條為例，我們的趨勢追蹤策略仍可在一九二八年十月至一九三〇年十月間，獲得90%的報酬率！

正如同我前面提過的，邁克爾．科弗爾也在其經典著作中表示——趨勢追蹤策略在最艱困的時期也能獲利。而我們的研究也證明了另一件事：歷史上那些造成市場動盪的「黑天鵝」事件，始終會重複地發生。但正如艾力克斯與凱薩琳．卡曼斯基總結的，「趨勢追蹤策略不僅在一九二九年的華爾街崩盤，乃至於鬱金香狂熱時表現優異。事實上，這個策略在任何艱困的歷史時刻，都表現良好。」

在另一個模擬項目中，我們想確認「完美知識」的價值，因此我們設計出另一個模型。以下是當時我寫給投資人的公開信：

---

3 意指一六三七年發生在荷蘭的鬱金香狂熱事件，這是史上最早的泡沫經濟事件。當時由鄂圖曼土耳其引進的鬱金香球根異常地吸引大眾搶購，導致價格瘋狂飆高，然而在泡沫迸破之後，價格卻崩跌至高點的百分之一，引發市場恐慌。

我們有可能知道投資組合在年底的價格嗎？為了回答這個問題，我檢視了我們的資料庫，觀看特定年份十二月三十一日的價格，然後問自己，「假如我們擁有這項資訊，那麼我們能在該年的一月一日運用槓桿來得到最大收益嗎？」結果我們發現，即便我們能完美預測到年底的價格，我們也無法維持超過3:1的槓桿率，因為我們無法得知到達此價格的路徑。

我們所得的結論與直覺徹底相反，我們可以在不相關的資產下，使用多種策略，並運用槓桿原理，避開風險。我們可以透過實質減少投資組合的標準差，從而降低交易風險。

事實一次又一次地證明：**即便是最嚴格的市場預測計畫，也會因為人類的野心，以及我們渴望相信一個好故事而遭受失敗——虛構的故事總是比客觀的現實來得更為美好。**

把 400 美元變成 400 萬的超級槓桿

艾力克斯與麥可幫助我實現了投資生涯中最龐大的非

對稱槓桿交易。一九九四年，艾力克斯建議我買下明特公司（mint.com）的網域名稱。當時該域名仍待價而沽。於是我們買下了這個網址——每個夥伴都有了屬於明特公司的電子郵件信箱。事情似乎還不錯；我們並未多想。當時域名市場還不如今天這般蓬勃。

接著，二〇〇六年，艾倫・派茲哲爾（Aaron Patzer）跟我們聯繫。派茲哲爾所屬的公司——明特軟體（Mint Software），當時正準備推出一個線上金融服務工具，也因此，他需要這個mint.com的域名。派茲哲爾和艾力克斯會晤，表示願意出價10萬美元買下我們的域名。本來我們對這個出價毫不在意，但是他們的提議卻讓我們產生了好奇。麥可於是研究了該公司的軟體，發現他們握有大筆高質量的創投資金、強健的業務計畫，以及對未來的願景。我們認為該公司有潛力成為明日之星，因此考慮取得它的股份。

我聯繫派茲哲爾的手下，表示我們不接受現金交易，除非讓我們購買他們家的股份。他們拒絕了。我只好表示，我們並不需要那10萬美元，或許他們可以考慮其他域名。最終，派茲哲爾退讓了，他給我們該公司2%的股份，並附帶反稀釋條款（anti-dilution rights），這代表未來若該公司擴張資本時，我們仍舊能維持原有的股份。

二〇〇九年，派茲哲爾將該公司以1億7,700萬的高價賣給了直覺軟體（Intuit）。這代表我們手中握有的股份已經漲到400萬美元。想當初一九九〇年代的時候，艾力克斯買下那個域名不過才花了幾百塊。艾力克斯與麥可自己也投了一點錢，得到相當不錯的分潤。而我則將自己的股份贈與給海特慈善機構。這個非對稱槓桿真的還滿不賴的吧！

重返量化交易賽局

二〇一〇年，我加入一家新的基金公司，與來自曼氏集團的老朋友——史丹利．芬克男爵共事。艾力克斯與吉爾伯特也與我同行。當時芬克男爵正從一場手術與健康危機中恢復過來，很希望能在新的舞台上大展身手。他離開了曼氏集團，期盼能透過我們在明特公司開發的交易系統，組織一檔新基金。如同英國《金融時報》在二〇一〇年二月二十一日的報導中所指出：

AHL是曼氏集團旗下的動能基金，其系統策略是海

特先生於八〇、九〇年代在美國率先開發出來的，並在曼氏集團的芬克男爵帶領下，達到其巔峰。海特所建立的這套複雜、由演算法驅動的模型，旨在發現並追蹤市場趨勢，這為他的客戶帶來超過30%的年均報酬率。

在這個背景下，海特資本整合為一間旗艦型基金公司，名為「國際標準資產管理」(ISAM)，並管理近7億美元的初始資金。我們的目標是以相同的交易原則與標準，在近兩百五十個不同類型的市場運用趨勢追蹤策略，為外部客戶提供資產管理服務。

芬克男爵希望重返量化交易的賽局，但是他沒有任何交易系統比得上我們在海特資本所開發的模型。芬克男爵告訴我們，我們最大的優勢在於我們對歷史回測的深度，以及在高波動市場中高超的風險控管能力。他成立了新公司，然後我們都站到了浪頭上。我再說一次，絕對別與大勢所趨的機會對抗。當大好機會來到你眼前時，別遲疑，趕快上車吧！

或許你會問，如果我那麼喜歡鑽研自己的交易，那為什麼還要加入ISAM呢？除了想幫助芬克男爵、和他一起共事之外，最令我興奮的是，艾力克斯也將成為該公司的合夥人，並擔任首席系統科學家——他是我早期投資的人才之一，能看到他跟隨自己的趨勢攀上生涯高峰，對我而言是一件美妙異常的事。

此外，還有一個更有趣的答案。數年前，我有一位專精於烘培食品領域的客戶，當時他剛以1,000萬美元的高價賣掉自己的公司。他在和我討論這個決定時，我告訴他，人生沒有多少次類似的機會。他很快就糾正了我的話，他說類似的交易他早就做過好幾次了。他進一步解釋說，他成功的祕訣非常簡單——首先，他堅持待在自己擅長的領域，也就是烘培業，並且他只與三十歲左右的男性合作，因為這些人格外有精力，年紀雖輕，但又擁有足夠的磨練與經驗。

我很快就察覺這位客戶的哲學，每當我打算選擇新的冒險時，就會將他的話細細回味一番。

直到二〇一八年芬克男爵退休前，他都是ISAM的董事長。我很享受最初在這間公司的時光。然而，我更想像巴菲特一樣，選擇一檔表現不錯的好股票後就把它放到一旁，然後去參加會議或演講之類的活動。但我恐怕永遠都無法接受那類投資法伴隨的巨大波動性。如同艾力克斯所說，「ISAM恐怕是世界上最無聊的公司。沒有人大吼大叫、沒有人會陷入恐慌或是對著電話發飆。你進場交易，得到利潤，然後客戶就收到了報酬。」

撐起風險控管的三把傘

或許你會想，近幾年的情勢真的不是很好。不管是恐怖主義行動帶來的市場崩盤，或者是房地產泡破摧毀華爾街的交易演算法，導致螺旋式上升的重大損失。在我的職業生涯裡，我目睹過不少危機，好比二〇〇八年的金融海嘯與全球經濟衰退，而九一一事件更是前所未有的大災難。儘管這些危機為全世界的人們帶來異常的痛苦，但是綜觀歷史，糟糕的事情總是會再次發生，而你可不想在它們發生時，賠上自己的身家。

沒錯，**如果你能預知最糟糕的下場，就能帶給你極大的自由**。

有些基金管理者會說，最糟的財務狀況不外乎就是破產，並賠光所有客戶的錢。但我們從二〇〇八年的馬多夫騙局中學到，實際上還有更慘烈的結果。有些投資人老愛鑽法律漏洞，甚至不惜違法，成為徹頭徹尾的腐敗之人，但一般來說，他們的把戲遲早都會被識破，且難逃法律制裁。

重點在於，你必須隨時想定最壞的情況，並為此制定計畫。我曾經面對一群剛剛成為百萬富翁的人進行演講，主題是「如何在市場波動中保有你的財富」。毫無疑問的，這些人知道自己當下確實很有錢，但沒有人有把握在十年之後，自己仍會如此富有。

我帶著一把收攏得好好的黑色英式雨傘走上講台。

我重複地把傘打開、又合攏，並與台下的聽眾保持眼神交會。他們看起來很困惑，但是我引起了他們的注意。接著，我告訴他們我去倫敦參加岳母葬禮的故事。我在葬禮結束後的那天早上，決定到妻子家附近的漢普斯特德公園（Hampstead Heath）走走。當時的天氣很晴朗、萬里無雲，但是妻子叮囑我，「還是帶把雨傘吧。」

我跟她說，「嘿，過去七年來，我每週都會來倫敦至少六天，還需要妳提醒我帶傘嗎？」

她回答，「你覺得你比我懂倫敦的天氣嗎？我在這住了二十六年了耶！」

我把傘擱在家，漫步至那座古老的公園。結果，不但下雨了，而且還是傾盆大雨，最後甚至下起了冰雹。我像是一條濕漉漉的小狗滾回到家。

我又看了底下吃吃竊笑的觀眾一眼說，「思考風險的最佳時機，就是在你行動以前。」他們笑得更用力了。

我的一個很富有的朋友說過，如果你交易的風險永遠不會危及自己的生活方式，那就沒什麼好怕的了；如果打從一開始，就能對最糟的結果心知肚明，任何人都將擁有無比的自由。

我自己面對危機的經驗法則，與我們過去做交易的風險控管方法並無二致：

Tips 1　把最糟的可能當作你的底線

我總是想知道我現在在冒多大的風險，以及我可能會損失多少？

Tips 2　做好因市場波動而失去資本的準備

你能掌控的往往只有你「願意輸多少」而已。因此絕對不要讓波動率影響到你必須保留的資本。

Tips 3　準備好輸掉相當於預設年報酬的金額

舉例來說，一個平均擁有10%長期收益的策略，應預期它的最大回徹至少是年收益的兩倍，即20%；同理，

如果一個平均擁有30%長期收益的策略，其最大回徹應為60%。

最後，當你不擔心自己的財務狀況與它所帶來的壓力時，不管面對任何危機狀況，你都能游刃有餘地做出更好的決策，不是嗎？相反的，當你對風險存有某種不健康的恐懼時，你就無法做出理性的決策。

你必須永遠記得：一定要思考到最壞的狀況，並改變自己的行為與做法，如此就能保護自己，同時也能保護你的家人。

第九章

與年輕交易員卡拉黛的對談

Conversations with a Young Trader—with Kolade Oluwole

這本書的主要目的是告訴讀者：我如何成為一個成功的交易者，以及你可以如何將我的見解運用到自己的交易與人生中。除此之外，作為另一種教學方式，我也很喜歡在旅行時和年輕的交易者們聊天。正如同本章所提到的年輕交易員——卡拉黛，就是我非常喜歡的一個故事。

卡拉黛的父親是奈及利亞人，母親是美國人，她在美國出生，大學念的是工程學，但對交易與投資一直抱有很大的興趣——她讓我想到我那傑出的同事艾力克斯．葛瑞斯曼，他同樣也是工程背景，跟著我學習並進入金融市場。這讓我有了一個想法：不如我和卡拉黛見面，然後用《金融怪傑》這本書的風格進行一場對談。於是，我們將一切準備妥當。

卡拉黛是一位剛出社會，年紀約二十出頭的年輕人，她和已屆古稀之年的我，針對「如何透過趨勢與量化交易在市場上勝出」這個主題，展開一場價值不菲的談話。現在你已經閱讀了本書大部分的內容，而本章的討論，將提供你一種「親臨現場」的方式，希望能讓你更了解我的交易原則。

• • • •

卡拉黛：賴瑞，我很感謝能有這個機會能與你對談，你擁有如此豐富的交易經驗。我最初是想做比特幣期貨的交易。隨著比特幣價格下跌的趨勢，我認為我可以做空市場來賺取利潤。目前我已經進行幾個月的交易了，主要操作的是比特幣期貨與相關的衍生性商品，這些標的在支付方式上都有其相似之處。

現在，我想先提出一個開放性的問題。

賴瑞：好啊，沒問題！

卡拉黛：我們都知道，市場有波動性，它們很難預測。我了解交易者總有犯錯的時候。他們必須限制自己的損失，並注意自己使用的槓桿比率。我的問題是：你如何創建一個交易系統？以及你如何在交易中建立真正的優勢？

賴瑞：我真正的優勢，是在我進場之前，我一定知道自己進場的原因。我也清楚知道什麼時候應該要出場。我是一個趨勢追蹤者。這讓我在市場波動中活了下來，也賺了很多錢。當我看到價格突破的機會，我就會買進。當我買進的同時，我也設好出場的基準點。

卡拉黛：即便你擁有絕對的交易知識，也不可能永遠都知道價格會如何變化。我的意思是，你可以完全掌握價格嗎？

賴瑞：我已經如此工作四十年了。我賺錢的方式就是進行風險投資。我在商品交易中賺了不少利潤。在這四十年的職業生涯中，我的每一筆交易，總是從自問「我願意輸多少錢」開始。

卡拉黛：那你願意輸多少錢呢？

賴瑞：我願意輸掉一定的比例，好比是每筆交易的2%吧。我是全面的趨勢追蹤者。我甚至不管基本需求是什麼，坦白說，這對我而言根本不重要。

卡拉黛：你能談談趨勢追蹤策略是如何在一個特定的交易活動中發揮作用的嗎？無論是期貨或股票市場？趨勢交易是你最大的優勢，我願聞其詳。

賴瑞：無論我制定的交易規則是什麼，我都會觀察特定時間內——不管是10天、100天、200天的平均價格，以便追蹤趨勢。當價格突破平均值，我就會買進。如果價格跌破平均值，我就會賣出。

真正的差別在於當你買進或賣出時，價格之間的差異，這就是你的核心資本所冒的風險。核心資本正是你得到的收益，也就是你的交易籌碼範圍。如果你明白我的意思，你就不會做超額交易（overtrade）。

卡拉黛：我懂。超額交易會帶來很大的麻煩。事實上，我還有一個關於交易量的問題。當你在市場裡積極進出時，你一年或一週內會做多少交易？

賴瑞：當我展開行動時，我不會知道我將進行多少筆交易。只要條件符合了，我有可能會隨時出場、停損，或是賠掉該筆交易的2%，這就是我的原則。

卡拉黛：只有這樣嗎？

賴瑞：這和跳舞很像對吧？當你去參加高中舞會，現場有很多女孩。你可能會喜歡其中幾位。所以你走上前去，向其中一位女孩攀談。你可能會被拒絕，也可能她願意和你跳支舞。

卡拉黛：對啊。

賴瑞：也許你會和其中一位心儀的女孩聊天，但若事情發展得不順利，你該怎麼做呢？就再找下一位啊！

卡拉黛：好吧，那麼你要如何在市場上找到那位吸引你的女孩呢？

賴瑞：看看她們正在創新高嗎？如果是，就證明她們正處於上升趨勢中。相反的，如果你的交易項目觸及六個月或一個月的低點，那麼你就該停損了。市場會告訴你一切的訊息，但它不會等人的，如果它告訴我它要往哪個方向走，我就會馬上上車。所以，如果有一個女孩拒絕了我，我會馬上向她道謝，並走向另一個女孩，問她是否願意和賴瑞共舞。我們或許會跳一首曲子、擁有一段開心的時光，也可能會去吃個晚餐，然後，一個大趨勢就成形了。

卡拉黛：當你在舞會上，要如何判斷當下是開口邀女孩子跳舞的好時機呢？當對方正在和兩個男孩說話時，恐怕就不會是好時機。你會在哪個時間點跟上趨勢？你會如何判斷機會來臨的時機點？

賴瑞：當價格再創新高時，你就可以進場參與了。當市場發出訊號，告訴我它的走向時，如果價格高於六個月以來的平均值，那就是一個代表性的指標，這告訴我市場的走向。它就是時機點。但如果你只憑「創新高」這個指標買進，那麼停損點就非常重要，重點是「何時喊停」，這可以讓你在市場上存活下來。就這麼簡單。妳知道大衛·李嘉圖是誰嗎？

卡拉黛：不知道耶。

賴瑞：李嘉圖是十八世紀最重要、最重要的金融大師，也是當時英國最富有的人之一。他和其他幾個人在不經意的情況下，發展出一整套市場經濟學。但他也相當熱愛交易市場。當時他常說，如果你進場買進一檔股票，而它一直上漲，那麼就讓利潤源源不絕地滾動吧。當人們這麼做的時候，自然就會變得富有。妳不知道上漲趨勢會持續多久，所以別太早離場——妳必須以獲得巨大的利潤為目標，而你的安全範圍，就是你手上資本的8%。

卡拉黛：市場會有漲到不像話的一天嗎？

賴瑞：妳可以看看人類壽命的變化。現代人動不動都可以活到八、九十歲。所以誰知道呢？保持安全的方法，就是觀察現金流與價格之間的關係。卡拉黛，我也想問妳一個問題。妳覺得自己是投資者還是交易者？

卡拉黛：目前的話，我比較像是一個交易者。

賴瑞：為什麼呢？巴菲特可不是交易者。他專門收購那些他認為能帶來十幾二十年穩定現金流的公司股份。許多他購買的公司，其價值都被市場低估了，因此他實際上在做的事，也可視為是一種買低賣高的做法。創造財富有很多種合理的方法。

卡拉黛：沒錯。他觀察公司的基本面並加以投資。但我喜歡觀察趨勢告訴我什麼事，是M頭（double tops）？W底（double downs）？還是三角形態（triangles）[1]？我會

1　意指判斷一段行情的頭部、底部及盤整等技術分析的型態。

觀察交易趨勢如何、將走向哪裡，我想在這個基礎上進行交易。

我不想投資並持有一檔標的二十年。我喜歡趁趨勢來臨時快速進場，如果當趨勢出現轉折，我就出場。在和你碰面之前，我研讀過許多跟趨勢追蹤有關的書籍，這對我來說意義非凡。因為當你做了一筆好交易時，你可以不去管它——利潤會不斷、不斷地滾動，直到大勢不再，此時你就可以離場了。巴菲特則可能守著一筆交易二十年。

賴瑞：這讓他成為世界上最富有的人之一。每個我所認識、認真學習巴菲特投資之道的人，都賺了不少錢。但我還是更喜歡趨勢追蹤。我認為人類最厲害的一點，就是我們的適應能力。而市場會給你許多學習適應的機會。

這對我來說就像是開賭場一樣。如果你經營一間賭場，你就知道有些人就是能贏——在一百個人裡面，可能會有五個人非常走運、或者是職業撲克牌玩家。他們有能耐打敗莊家。不過長期來看，莊家當然還是輸少贏多。賭場深諳其中的計算法則，所以整體而言，賭場老闆仍然會是贏家。但是如果你想在特定的一晚、特定的賽局裡贏錢，那麼你就必須知道許多眉眉角角，你必須熟稔機率、並且運用機率去賭，甚至還必須違背自己的個性。

當然，假如我要妳去買一檔本益比五倍的股票，然後在接下來的二十年裡，保持金字塔式的逢低加碼，那麼妳就可以透過這檔股票賺到10億美元，妳會照我說的去做嗎？

卡拉黛：我會啊。

賴瑞：我們都沒辦法改變自己是誰、是什麼樣的人。妳一定會有自己的個性；在妳現在的年紀，會喜歡交易中的技術線型。日後妳可能又會對不動產投資產生興趣。但無論妳的資金目標是什麼，趨勢追蹤都是一種資金成本與妳鎖定目標之間的套利。此外，還有一個辦法可以幫助妳下決定——妳需要一個目標。妳會如何定義「富有」呢？

卡拉黛：我覺得富有是相對的概念，對我來說，富有就是財務自由。

賴瑞：很好。那妳覺得要擁有多少資產才算得上是財務自由呢？

卡拉黛：要比我現在的資產多，但比你的資產少吧。

賴瑞：給我一個妳認為自己可以透過交易達到的金額，一個妳認為「噢，現在我算是有錢人了」的數字。

卡拉黛：一個金額嗎？

賴瑞：對。妳今年幾歲？

卡拉黛：二十三。

賴瑞：妳希望三十三歲時有多富有？

卡拉黛：我希望到時候能擁有價值數百萬美元的資產。我不在乎銀行帳戶中有多少錢，但我希望在不動產項目能有些獲利，或者是有份好工作、好的人脈。此外，我認為把錢存在銀行也算是非常穩固的經濟基礎。

賴瑞：這還不夠，妳必須要有一個非常精確的數字。

卡拉黛：一定要這麼精確嗎？

賴瑞：妳必須要有一個明確的目標，目標可以為妳帶來無窮的力量。妳必須把幾個妳認為擁有不錯生活的人當作目標。妳不需要認識那些人、或是和他們說過話，而是從中明白妳要的究竟是什麼。擁有了財富以後，妳希望如何生活？妳必須定義何謂「富有」。羅伯特‧清崎（Robert Kiyosaki）是這樣定義富有的——如果你能靠手頭上的現金生活三年的話。

妳認為十年之後，妳需要多少現金可以支應三年的生活呢？那麼五年呢？或是兩年呢？妳必須知道自己的目標是什麼。

卡拉黛：我讀過清崎的《富爸爸，窮爸爸》。我記得那一章。

賴瑞：以前有一家名為ITT的工業公司，由一個大人物哈羅德・吉寧（Harold Geneen）所經營。他對我影響至深。有次他帶我去吃午餐，用餐時他問我，「賴瑞，你愛看電影嗎？」我回答，「當然啊！」接著他給我上了一課。事實上，往後我每次見到他時，他都會提醒我同樣的事——當你在看電影時，在還不知道結局的時候，這種懸念會讓你全神貫注。但是當你成為一間公司的股東時，你最好已經知道它的結局是什麼。在買進它之前，你要確切知道自己要拿它做什麼，以及怎麼做。這就是交易和看電影的不同之處。這也是傳統「買進持有」策略與「趨勢追蹤」策略的最大差異。我們永遠都知道自己何時會離場，以及離場的原因。我們在片頭那幕出現時，就已經知道結局了。

卡拉黛：酷！

賴瑞：卡拉黛，妳會寫程式嗎？程式對我的交易風格來說受益很大。

卡拉黛：我略懂一點點。我會C語言與一點Java，還有CFF與一點HTML。

賴瑞：對我的投資法而言，最棒的一點是，它並非是任何新穎的觀念，妳可以運用程式技術回測歷史交易，並根據歷史數據去測試妳的交易原則——妳可以測試特定策略在什麼時候有效、什麼時候無效。

妳懂嗎？最棒的投資法就是不用投資。

卡拉黛：這是什麼意思？

賴瑞：除非我們對交易有足夠的了解，否則我們是不會進場的。妳必須知道自己為何交易？用什麼方法交易？要交易多久？妳必須計畫好一切。妳還必須透過不斷練習找出許多原則，妳可以購買數據資料庫，進行模擬交易，從中累積經驗值。透過模擬，妳可以測試自己的能力，並掌握數字的走向。

卡拉黛：了解！

賴瑞：如果妳建構了模擬系統，妳會得到數字證據、概率、賠率和風險。這裡容不下任何的一廂情願。我喜歡數字，因為數字無法被扭曲——數字代表事實。如果我坐在邁阿密的海灘上，跟妳說這裡的海是藍色的，這意味著什麼呢？我說的是深藍、淺藍、海軍藍還是粉藍色？但如果我說7，妳會知道7就是7。除了妳以外，讓其他人看也會是7，他們不會得到7以外的任何意涵。妳必須精準地知道自己行動的時間、內容與方法。

卡拉黛：你的意思是模擬測試很值得做，因為它可以讓你思考自己的目標，以及抵達目標的途徑？

賴瑞：沒錯！就是這樣。妳得好好地練習模擬交易。所以去試試看吧。練習是不需要成本的。

卡拉黛：我同意。

賴瑞：妳可以從期權開始。舉例來說，妳可以定義自己要如何交易期權、精準地釐清自己將會得到多少報酬。或者，交易外幣或比特幣也都無所謂。妳交易的項目並不是重點，真正的重點在於市場中唯一的變數。妳知道那是什麼嗎？

卡拉黛：不知道，那是什麼呢？

賴瑞：市場中最大的變數是人。是的。人。數千年來，人可說是一點都沒變。

卡拉黛：你花了多久時間才摸透交易這個遊戲？或者，你花了多少時間才成為一個能持續獲利、明白風險與發揮自己優勢的交易者？這段旅程你花了多久的時間？

賴瑞：這段旅程的目的就是為了致富。當我知道該怎麼做以後，我就遵照我的目標前進。我曾遇到很多在旅途中迷失的人，因為他們無法接受損失。有次我和一個親戚聊天，他是滿好的交易者，但是他無法面對自己的損失。他害怕將自己失血的部位割除。最後他破產了。砍掉虧損的部位、讓贏錢的部位持續滾動——這點對很多人來說，實際操作起來真的很困難，但對某些人來說，卻是再自然不過的事，而我就是其中之一。這就是我這趟旅程的本質。至於妳得花多少時間才能到達這個境界啊？我想我無法回答妳。

卡拉黛：如果我和一百個交易員聊天，我想沒有人會說出「哇，損失的部位太讚了，我真的很想它們繼續滾動」這樣的話，那麼李嘉圖和賴瑞·海特砍掉虧損部位的觀點，和我從其他專家那裡聽來的有什麼不同之處呢？

賴瑞：關鍵就在於他們「如何」切割損失部位。

卡拉黛：為什麼我們無法做出最好的判斷呢？

賴瑞：一切的問題都是從自己開始的。妳必須知道自己的風險是什麼。妳必須知道自己賠得起多少。妳也必須知道自己有可能會獲利多少。妳必須對自己交易的東西保持毫不動心的客觀距離。

有些人正好相反，他們真的相信自己無所不知。我的一些競爭對手，經常自信滿滿地認為自己是世界上最聰明的人。但是他們忘了，活著比什麼都重要。他們冒了太多的風險，即便累積了許多小小的勝利，但是只要一筆巨大的虧損就會讓他們全軍覆沒。

看吧，我進入的是「正均值賽局」。我會把損失部位控制在很小的範圍內，當我贏的時候，我則會擴大贏面，所以我永遠不會掉進「負均值賽局」。如果妳把交易當成賽局，因為它確實就是，那麼妳就會知道交易中有很多變數，但是一個好的過程會隨著時間推移而發揮作用，最終會引導妳得到好的結局，妳將因此而變得富有，如果妳堅持下去的話。

卡拉黛：這聽起來很不錯。

賴瑞：我相信以妳的數學腦袋絕對可以理解。這是一場比拚毅力的持久戰，如果妳只做自己輸得起的交易，總有一天會致富。以前我媽還住在布魯克林的時候，我每週會回家一次。她總是會問我，「你做得怎麼樣？」我會說，「噢，我輸了10萬美元。」她會尖叫說，「老天，這太糟糕了吧！」但她無法理解，這對我來說並無傷大雅，因為這個損失只占我們基金非常、非常微小的比例（通常不到2%）。我的意思是，如果妳的口袋裡有100美元，而妳損失了1元，妳會因此而沮喪嗎？

卡拉黛：不會。

賴瑞：她只看到了金額。而我看到的是占比。

卡拉黛：或許這是一種天分。你知道，多數人都無法面對這樣的損失。

賴瑞：我確實有一個優勢。我是很糟糕的運動員。從小我就習慣了失敗。如果你已經輸了，就必須盡快抑制損失，並讓贏錢部位繼續滾動——這就是占比的重要性。你願意拿桌面上的多少賭注去賭？這是我們的態度。那其他人是不是也有別種態度呢？當然。

有些人或許做得還不錯，或是運氣很好，但我發現大多數的贏家，在某種程度上都屬於趨勢跟隨者。當我進入這一行時，並沒有多少人會這麼做。我鼓勵妳也要有同樣的態度。妳一定辦得到的——如果妳持續將損失控制在極小的範圍內，妳就贏了。

現在，妳可能會為某間公司工作，但我後來不想再這麼做的原因之一，是因為體制內總是會有政策、董事會與八卦，而我對這些不感興趣。讓我上癮的是進入市場、為自己賺錢。我不想為任何人工作，我也不想很懂「怎麼開會」這些事。我只想專精於交易。我只想賺錢。

卡拉黛：這就是財務自由。

賴瑞：先決定妳要成為一名優秀的獵人，還是成為只會動一張嘴的「專家」。如果一個部落的生存與否取決於狩獵，那麼當野牛奔跑時，優秀的獵人肯定不會無所事事。他們不會在棚子裡討論誰的矛最尖，或是誰能將矛擲得最遠。當一個部落的好獵人越多，他們就越有可能集體生存下來。今天，優秀的交易者們決定了賠率，就好像賭場是他們家一樣。隨著時間經過，他們的優勢也會越來越強勁。你會知道誰是贏家，因為他們贏得很明顯。當資本不斷推升的時候，妳就會知道自己在做正確的事情。

卡拉黛：謝謝你，賴瑞！

第十章

你的唯二選擇：堅持不懈、取得利潤

You Have Choices:
Persistence Pays Dividends

我經常會想起自己的童年與青少年時期——貧窮、半盲、語言障礙、方向感奇差、沒有任何運動細胞——我應該是最差勁的小孩子吧。但我還是戰勝了這些困難。只不過，一直要到我三十幾歲，事情才開始有了變化。在那之前，沒有人發現我的潛力，也沒有人預測到我人生的軌跡。

但假如我的人生可以起步得更順遂一些，我不確定自己最終是否還能獲得如此成就，因為失敗就是我成功的根基。很多人很愛談正面思考，但我卻發現負面思考的力量。失敗是很正常的，而我擁有許多私密的失敗經驗。我已經失去了太多，以至於沒有什麼可失去的，失敗不會擊垮我，我只是不停地站起來，再試一次。這才是成功的真正祕訣。

NOTES

當生活不如意時，我的建議是：

1. 不要掩飾自己的損失，要公開它。
2. 分享利潤給聰明的人，讓他們來幫助你。
3. 不要讓情緒影響你的決策。
4. 要有一個全盤考量的計畫。
5. 要坦然面對新的開始，不要仰賴父母。
6. 不要對你的工作意氣用事。
7. 讓跟你一起工作的人感到輕鬆自在。

• • • •

為什麼一個在許多方面都遭受失敗的人，卻能夠後來居上呢？

打從一開始，我就不斷地尋找在生活中獲得成功的可能性。很快的，我就掌握了自己不擅長的部分——我永遠不會成為傑出的運動員。我不能治好我的閱讀障礙而成為頂尖的學者……這些賭注的勝算太低了。當我把自己的缺點都列出來以後，我就可以排除錯誤的賭注、開始行動，並設法獲得成功。

至於我的優點，就是我選擇做我熱愛的事，就算沒有報酬我也願意去做。當你做出這個決定時，你就擁有了一個巨大的優勢——因為你會比其他人更努力。我喜歡發明很多新方法來賺錢。為了賺錢，我可以在電話上工作幾個小時也不以為苦。對我來說，這一切都很有趣。當然，如你所知的，我擁有「渴望」的力量：我渴望擁有經濟上的自由。

我分享了許多自己的失敗與成功經驗，目的是讓你了解——你也可以超越先天與後天的限制，實現自己的夢想。我希望你可以相信，事情可以變得比你期望的更好，你可以打破所有限制！

和很多人一樣，我從小也被教導「努力工作」的重要性。但是對我來說，「努力工作」的價值被過分高估了，相對的，「聰明的工作」可以讓你贏得更多。為餐廳執行數百萬美元交易的高階主管並不會比廚房裡努力洗碗的人勤奮到哪裡去，但是他們卻可以賺更多。當然，如果洗碗工開始更聰明的工作、接受更多高薪的挑戰與培訓，而高階主管則因支出報告作假而被炒魷魚，那麼這兩個角色就可能互換。

每個人都要做決定。不管你是交易員、作曲家或洗碗工，你的選擇決定你是誰，以及你的人生。你有能力決定要結束一段很爛的婚姻、或一份很爛的工作。你有能力決定要好好念書。你也有能力決定不要胖到300磅。如果你有夢想，那麼每天都要做出「好的決定」，把自己往夢想那端推進一些些。

這當中的問題在於，**大部分的人都不會思考所做選擇背後的勝率**。但現在你知道了，你得更聰明的下注，如果你的賭注下得夠聰明，你就會贏。下次當你在為人生、事業或投資組合做決定時，請務必先問問自己：

- **哪個決定會讓你更接近目標？**

試著讓自己的想像力更豐富一點。這就是為什麼我不斷鼓勵你要更了解自己，以及自己「想要」什麼。很多人都相信付出高額學費、接受高等教育是很值得的。我對學習的價值也深信不疑。但如果你不知道自己是誰、自己想要什麼，那麼再多的學習資源都無法幫助你。

• 你在對的賽局裡玩嗎？

許多財富是由大大小小的運氣所累積，但前提是你得先待在一個會得到好運的地方。如果你想要成為一名演員，卻排斥試鏡機會，那怎麼可能會成功呢？我記得我認識一個年輕演員，他的肢體既生硬又笨拙，看起來很難獲得觀眾青睞。但他卻在一個對的舞台上獲得絕佳機會，這讓他成長為一名出色的演員，最終在百老匯嶄露頭角。面對夢想，你必須先擁有一對翅膀。

• 你的決定行得通嗎？

假如你下一個同樣的賭注一千次，獲勝的機率會是多少？還記得嗎？我永遠不可能成為籃球界的麥可．喬登或詹皇，因為那是不可能的。但是以我的能力、毅力及熱情，當個交易員是沒有問題的。儘管如此，我還是沒有受過數學或電腦工程的正式教育。因此，我選擇和那些擁有專業技術的夥伴合作，如此一來，我的目標就變得更清晰可行了。那麼對你而言，什麼決定是可行的呢？

• 最糟的狀況會是什麼？

在你下注之前，務必要先釐清最糟的狀況。你要知道自己可能會賠上什麼。如果你負擔不起那個最糟的狀況，那就不可能會是一個好賭注。

• 如果贏了，你會得到什麼？

這就是數學問題了。請問問自己：你的決定會帶來多少可能的報酬？很少嗎？還是大到可以改變你的人生？如果你的決定，每年讓你賺1塊錢，這算是贏嗎？我之所以成功，是因為我建構了一個非對稱槓桿的交易系統，這意味著我可以用極小的風險，獲得極大的利潤。在金融領域，你可以透過期權和嚴設停損來做這件事。在日常生活裡，你也可以運用你的知識、時間，和對他人的投資以建立夥伴關係，來達成這個目標——你得找到可以將風險、所得極大化的投資。

• 當結果不如預期時，你會謙卑地修正嗎？

失敗只是單一事件，它並不代表你這整個人都很失敗。如果當你所做的決定最終失敗了，請盡快切割損失部位，停損，然後離場。盡可能迅速、明智地找到下一個更好的賭注。

• • • •

有些人可能會說，「哎，賴瑞，你太幸運了。你開始進場時正好是商品與電腦化交易模型剛要起飛的時候。」這話只說對了一半，因為金融界其實持續不斷地提供投資人機會，今天的機會甚至比我年輕時還要多。我們正面臨科技革命。過去的電腦長得跟冰箱一樣大，現在它們薄如信用卡，而且價格越來越便宜。接下來，還會有先進的機器人、感測器與AI人工智慧。我們馬上就要有全自動駕駛的汽車了。

市場是有缺陷的，我在本書中一再強調這點。[1] 正因為市場有缺陷，才提供了這麼多的機會給我們。如果市場是

---

1 意指「無效率市場」(inefficient markets)。

有效的，人們就沒有工作或發明的動力了。正因為市場有缺陷，人們才會想創造與發明更好、更快、更便宜的服務與商品。這也意味著總有一些事情等着人們努力工作、追求和實現目標。隨著時間經過，當特定的發明變成新的主流時，其原本的優勢就會慢慢消失，但這也代表新的機會將從新的市場上誕生，而你的目標就是以自己的時間與方法，去找出那些機會——我保證它們就在那裡，而你要做的就是弄清楚自己想要什麼。你渴望的事物有什麼樣的輪廓呢？即便你不知道它是什麼，但你必然知道你想要它「看起來像什麼」。

贏了，然後呢？

當你準備踏上「致富」這條路時，你應該先計畫好：當賺到錢之後，你想做什麼？

以我來說，儘管我確實過得還不錯，但我不在乎奢華的生活，我在乎的是「創造力」。即便我已經八十歲了，但「發明新的賺錢方法」這件事仍然不斷激勵著我。我對新想法總是興致勃勃。我總會打電話給我的量化交易夥伴，請他測試我的突發奇想，例如，「假如我們隨機挑選一檔創新高的股票買進，會發生什麼事呢？」

這幾年我開始涉足房地產市場。按照我的老方法，當然是找到具有該領域專長的人，並與他們同行。我的搭檔是這麼計算的：我們買下那些高出租率的房子，然後以低於行情10%的價格出租。這很聰明，因為我們想要的是出租率。我們盡可能的讓物件與好的建築相媲美，讓租金看起來物超所值。然後在五到七年後，我們會將房子再次抵押出去。換句話說，我們會再次借貸以換取現金——這就像是把房子賣掉，但不用繳稅。現在，我們用第一間房子的現金，買下第二間房子。我們會將房子的某些項目做折舊抵稅。因為房子的某些部分擁有較高的折舊率，因此我們會善加利用會計上的「加速折舊」（accelerating depreciation）

用這個方法投資房地產的人，能得到相當好的獲利。他們通常不會去碰那些高檔的豪宅。他們不是川普。川普投資的房地產，低樓層都相當奢華、優雅，但高樓層的房間卻十分狹小、令租客退步。我們只想做最好的交易。而我也用這個方法賺了不少錢。

這就是我現在在做的事。我在新的機會中，重複操作我的原則。

• • • •

我在一九八七年成立了自已的基金會。當時，我正在加勒比海度假，我打了一通電話做了一筆交易，而那通電話讓我賺了100萬美元。這感覺棒極了。接下來的那週，我回到紐約，某天傍晚我經過世貿中心，看到大批的人群正魚貫地進入大樓。大部分的人看起來，狀況都不是很好。我問警衛發生了什麼事，他解釋說，由於那晚氣溫驟降，無家可歸的人會在這裡將就一晚。我的好心情瞬間沒了。那100萬美元似乎也變得不再重要。就是從那一刻開始，我開始思考自己是否能幫上一點什麼忙。

曾經有人問我，「你是不是因為感到罪惡，所以才開始捐錢？」我並不感到罪惡。我付出的原因也不是因為宗教信仰。但我確實依循「金科玉律」(golden rules)[2]在生活——多數人都信奉這個法則，至少在字面意義上。其中，孔子的說法我特別喜歡：當有人問他，是否有一個字可以作為終身奉行的原則呢？孔子回答說，「那就是『恕』

2 語出《聖經》，是當代理論倫理學所認可的道德原則之一，也稱「互惠原則」或「恕道原則」，其宗旨是：「你願意人怎樣待你，你也當怎樣待人。」

（互惠）字吧！己所不欲，勿施於人。」[3]

我相信互惠。

我第一次捐出一大筆錢，對象是住在亞塞拜然的一位年輕女孩，當時她必須動手術。舊金山的一間醫院與醫師群願意提供她免費的手術，但是她和她的母親必須自行前往手術地點——這得花費1萬美元，而我熱切地想要促成此事。這是我給自己人生的禮物。我很開心能拯救一條生命。只不過，我是一個講求實際的人，隨著日子一久，我開始思考如何能為社會帶來更廣泛的影響，而不是只能幫助單一個案。

一九八七年，我成立了一個家庭基金會，這樣我就能以一種更聰明的方式，為更多人帶來最大的影響。起初，由於規模相對較小，我們的做法是捐助自己喜愛的慈善機構。隨著我的事業越來越成功、捐款金額越來越大時，基金會的規模也開始擴展。我們聘請了一位顧問，希望能具備策略與專業性。當我的女兒們上高中時，她們有機會（透過專業協助）向她們選擇的慈善機構捐贈5,000美元。

---

3 語出《論語．衛靈公》：子貢問曰：「有一言而可以終身行之者乎？」子曰：「其恕乎！己所不欲，勿施於人。」此處作者將「恕」作「互惠」解釋。

我的大女兒選擇捐助紐澤西紐華克的一間課後輔導機構，而小女兒則捐助一間博物館的兒童攝影計畫（有趣的是，後來大女兒成為諮商師，小女兒則成為攝影史學者）。

捐款的原因不一而足。我的第一任妻子席碧兒擁有社會工作相關的碩士學位，並曾在紐約市兒童寄養機構服務十多年。她認為所有的孩子都應該要擁有一個安全、充滿愛的家，也因此，我們的基金會捐助了不少寄養機構，使其改革相關的兒童寄養制度。席碧兒也熱愛攝影與藝術，因此我們贊助了許多紐約市與英國各主要博物館的展覽計畫。

我得再說一次，我是很務實的人。當我投資時，我想要獲取最好的回報，而當我奉獻一己之力時，我希望能為最多人帶來影響。這也是我選擇支持醫學研究的主要原因。誰知道呢？或許二十年後，我贊助的其中一個機構可以找到治療癌症的方法。

我的朋友史丹利・芬克爵士也有同樣的想法。二〇〇五年時，他捐款支持倫敦的一間百年兒童醫院——艾佛琳納倫敦（Evelina London）興建新大樓。不久後，我的妻子席碧兒走到生命的尾聲。她是倫敦人，而我在曼氏集團的另一位好友哈維・麥克葛拉斯（Harvey McGrath）的太太愛莉森也來自倫敦。我告訴哈維，席碧兒很想念大家一起話家常的感覺，我問愛莉森是否願意每週給她打一通電話，閒聊倫敦社會的八卦。愛莉森真的這麼做了，我永遠銘感在心。後來我以席碧兒．海特與愛莉森．麥克葛拉斯的名義，向艾佛琳納倫敦捐贈了六張早產兒病床，紀念這件事。

從那之後，或許有數千名嬰兒在那些病床上沉沉地進入夢鄉吧。我不會知道他們是誰，也不知道他們未來會變成什麼樣子的人。但是我知道我曾幫助他們走過困境、提高人生的勝算。你有多少機會能幫助到數千個生命呢？

數年前，我開始對「拯救遭極權政府壓迫的學者」一事感到興趣。學者與知識份子通常是率先對獨裁者提出批判的人，他們經常會被判入獄，甚至受到殺害。亨利．考夫曼（Henry Kaufman）與艾倫．葛曼（Allan Goodman）是試圖拯救生命的好人，他們所帶領的「學者搶救基金會」（Scholar Rescue Fund）致力於保住那些受迫害學者們的性命。透過他們，我得知一位在烏干達進行醫學研究的生物學博士的故事。當該國的革命爆發時，一個士兵找上這名博士，要求他交出他的卡車。博士拒絕了，因為那是實驗所需的車輛。最後，士兵掏出槍來，打爆了博士的腦袋。死者是烏干達僅有的五位博士之一。一顆子彈，可以摧毀一個國家多少根基？

我開始在想，那傢伙的醫學研究原本可以挽救上千人的生命……於是我再次問自己：我有多少機會可以拯救數千人呢？也因為如此，我開始資助「學者搶救基金會」，透過他們發放獎金，讓受到迫害的學者能在安全的大學環境中進行研究且生活無虞。我的訓練背景這麼告訴我：最好的狀況是我幫到一名能拯救許多生命的研究者，而最糟的狀況是我只救了一個人的生命——這兩者都是很棒的賭注。

近年來，我和現任的妻子莎拉選擇捐助一些促進教育與文化的組織。例如我們贊助了音樂機構，因為對我而言，音樂是我們從生命中體驗到的最偉大禮物之一。

回首來時路，我對自己一生中所做的選擇深表謝意，因為正是這些選擇，使我現在處於能夠創造、能夠繼續賺錢，甚至還可能使世界變得更美好的獨特地位。

我祈願你也能如此地做出選擇。

• • • •

If——Rudyard Kipling

〈如果〉
魯德亞德·吉卜林

如果，在眾人驚慌失措並責難於你的時候，
你仍然能保持冷靜；
如果，在眾人都懷疑你的時候，
你仍然能相信自己，並原諒他們的質疑；
如果，你能靜靜等候並且不厭煩，
被瞞騙卻不以牙還牙，
被憎惡卻不以眼還眼，
還有，不急著展露自己的鋒芒，也不急著誇誇其談。

如果，你有夢想，卻不被其主宰；
如果，你能思考，卻不被其侷限；
如果，在你嘗過凱旋和戰敗的滋味後，
仍不被這些虛名所迷惑；
如果，你能忍受那些你講過的話，
被奸詐小人扭曲利用以欺哄無知的人，

或親證那些你奉獻一生的東西化為烏有，
然而，你仍能拾起破舊的武器，彎腰俯首地重新打造一切。
如果，你能將你累積已久的一切，
都全部押上並孤注一擲，
在兩手空空時仍能重新開始，
並對這一切的失去毫無怨懟；
如果，你能在身心都傷透的情況下，
仍然能活著，
在一無所有的時候仍能撐下去，
只因你的意志一直告訴你「撐住！」

如果，你能在眾人面前仍能保持背脊正直，
或者在上流社會打滾時仍不囂張跋扈；
如果，敵軍或友軍都不再能傷害你；
如果，你重視每個人的價值，卻不過於重視；
如果，你能把熱情和活力注入於每分每秒當中，
你就能擁有全世界，一切都屬於你的了，
並且，更重要的是，
你將成為一個頂天立地的男子漢了，我的兒子！

我認為本書所述的內容，很適合用吉卜林的這首詩來總結。（我也為詩中最後一句對男性所說的話致歉。吉卜林和我都有屬於自己的年代，而我相信這首詩同樣也適用於女性讀者。）

在我們之中，有些人在剛起步時就必須面對更多的艱難。但透過這本書，我想要傳達的核心訊息是：你的夢想將遠遠大於你的限制，而你可以選擇追隨自己的夢想。

不管現實環境如何，你都擁有選擇的權利。我也想讓我的孫子們長大後知道他們有所選擇。我不認為這本書是成功的，除非你在闔上它之後，你能做出同樣會改變你人生的選擇。

我的交易方式主要是扎根於投機之上。但是我的人生，本身也是一場投機者的遊戲——交易者永遠都不知道明天會發生什麼事，永遠都會有很多「如果」。我們總是不斷地買進賣出，我們選擇買什麼和賣什麼的最終目的，是我們知道如何創造自己的人生，也為自己創造出意義。

我的人生證明了：失敗者也能贏！

附　錄

密件：
非對稱槓桿理論與實踐

APPENDIX

曼氏集團內部文件／賴瑞・海特撰文

1988年9月30日

非對稱槓桿：運用極小風險獲得巨大報酬

The Theory and Practice of Asymmetrical Leverage
(Arranging Big Wins for Small Risks)

前言

本報告的重點在於清楚說明我的「非對稱槓桿」之原理。由於非對稱槓桿原理為理論概念而非量化概念，因此難以使用電腦去進行明特公司（MIMC）策略形式的測試。唯一可能的測試，是將它們與一系列一流的產業經驗進行檢視和比對，而這也是為什麼你需要閱讀這份報告的重要原因。

簡而言之，我願意誠懇地接受同僚對我的見解提出指正，畢竟這遠比由市場來證明我的錯誤要好得多。

定義

非對稱槓桿原理的獨特之處在於，它提供傳統槓桿的好處，但卻能避開傳統槓桿相對應的風險。舉例來說，MIMC近期與一個中東機構達成協議，我們為該機構建立了一個1,500萬美元的伊斯蘭投資組合，在扣除代理費用之後，這個投資組合每個月為我們帶來23%的利潤——這是我們第一個高流動性帳戶。我們的利潤分紅，相當於自行投入340萬美元的資金並承受風險後的成果。只不過，目前我們的風險趨近於零，也就是說我們擁有投資340萬美元資金的好處，但卻沒有任何風險。

這就是透過推廣，讓非對稱槓桿發揮作用的例子。為了解釋使用非對稱槓桿的成功案例，我為每個案例取了特別的代號，例如杭特（Hunt）、普利茲克（Pritzker）與川普（Trump）。在列舉MIMC以外、使用非對稱槓桿的成功與失敗案例時，我也會講述一個故事：一對不把父親的教訓放在心上的兄弟，是如何輸光上億美元的。

MIMC並非是唯一一間實踐非對稱槓桿原理的公司。舉例來說，專精於融資收購（LBO）[1]的KKR（Kohlberg, Kravis and Roberts）公司，在十二年內，透過槓桿收購了數家公司，其總營收幾乎可媲美擁有六十年歷史的奇異（GE）公司。我們可推測，KKR公司的普通合夥人（GP），他們賺的錢恐怕比奇異公司的高階主管還要多，而他們的淨資產也超越了奇異公司創始家族的多數成員。

實例

A. 金融（你以為那是你的錢，但別人卻拿走了）

以金融觀點來看，以色列商人米庫拉姆・里克利斯（Meshulam Riklis）的例子最適合解釋非對稱槓桿原理可獲得的最大效益。

1 又稱「槓桿收購」（Leveraged Buyout），意指收購者以目標公司的「未來現金流量」作為依據，向金融機構取得大量貸款，而據以向目標公司股東收購全數（或部分）的股權，再將目標公司合併。

眾所周知，這位以色列移民最初一無所有，如今卻掌管著一個擁有30億美元的金融帝國。他透過有效的運用（或不運用）現金，以及出色的經營和財務管理，擴張自己的事業版圖——假如收購需要現金，里克利斯會立刻從被收購公司取得等值的現金。換句話說，他絕不會收購無法創造出與下一波收購等值現金的公司。唯有在條件滿足的狀況下，里克利斯才會進行交易。

然而，對於釋出公司所有權的賣家而言，他們往往知道里克利斯的公司——快捷美國（Rapid American）擁有足夠支付交易的現金在手。里克利斯還透過發行公司債、認股權證、出售部門，並發行更多股票等方式來換取現金。例如麥克芮公司（McCory Corp.，目前由快捷美國擁有全數股份）收購了葛林公司（H.L. Green），而其收購資金是來自於賣出該公司加拿大分部的收益，那筆交易除了為麥克芮公司帶來現金收益之外，也創造了「要約收購」（tender offer）[2]的條件。

近期里克利斯對收購EII公司的策略是，他選擇將該公司私有化，並將其債務公開。諸如種種創新的點子，讓

---

2 意指收購者為了取得目標公司的控股權，取得被收購公司將近100%的股份，而向所有目標公司的股東發出的書面通知。

里克利斯就算不會像接管麥當勞、並將麥當勞發揚光大的雷・克洛克（Ray Kroc）那般被載入史冊，但他也會因為聰明地掌管現金流的典範而被人們記住——任何時候，他都知道公司的每一分錢在哪個位置流動。透過對總體現金流的控管，以及使用自家現金收購其他公司的原則，里克利斯成為身價近30億美元、多家美國優質企業資產的唯一股權持有人。

相反的，澳洲商人羅伯特・霍姆斯・阿考特（Robert Holmes à Court）則無法掌控自己的資產。他同樣透過一系列「要約收購」，以自家小公司貝爾資源（Bell Resources）的股份，換取當時澳洲最大的公司——洛肯山（Broken Hill）公司的股份，藉此打造自己的帝國。阿考特反覆進行這種換股操作，直到他成為洛肯山公司的最大股東。當時，洛肯山公司的股票在牛市中急漲，這讓阿考特得以將股票質押、借錢購買其他公司的股份，例如德士古（Texaco）與西爾斯（Sears PLC）等公司，而這些交易反過來又可以成為新收購案的抵押品。

然而，阿考特失敗的關鍵，在於他並未取得他所收購一系列公司的實質控股權，因此當股市崩盤時，他無法掌握自己的現金流。充其量，他只不過是一個被動投資人——他欠下龐大的債務，卻沒有實質收入來償還。他的風險部位太過脆弱，其槓桿體質也非常糟糕。事實上，他是位在非對稱槓桿作用的另一端：高風險、低回收。這與前述里克利斯的策略正好相反。

B. 結構（任何系統都有缺陷，這些缺陷會為某些人帶來好處）

一九七八年由特瑞莎．哈維爾（Theresa Havel）針對持有不同期限的政府證券的風險，進行了一項研究，這是結構性風險的一個絕佳例子。

哈維爾發現，五年期美國國債的回報率是三十年期美國國債的95%。然而，五年期債券只承擔了長期債券價格風險的25%至30%。換句話說，短期債券產生與長期債券幾乎相同的收益，但卻只承擔相對極低的風險，也因此創造出超強的非對稱槓桿效益。

近期，希爾森－雷曼（Shearson Lehman）債券指數證實了哈維爾研究，該指數顯示：從一九七三年一月一日至一九八八年三月三十一日止，長期債券的報酬率為8.62%，而九十一天期國庫券的報酬率則為8.46%。重點在於，若以價格標準偏差值衡量，儘管長期債券附帶的利率稍高，但其風險卻是國庫券的十二倍。

事實上，在一九七九至一九八二年間，五年期美國國債的收益率略高於三十年期的報酬率。哈維爾的報告顯示：經由仔細檢視市場的內在結構，個別投資人也可以發揮理想的非對稱槓桿作用。

C. 創業（當二加二等於四十）

當川普正忙於興建紐約凱悅飯店時，他從車上的收音機得知，拉斯維加斯的希爾頓飯店發生罷工，使其股價大幅下跌。這讓他百思不解。畢竟希爾頓集團旗下擁有一百間飯店，為什麼單一飯店發生抗議行動，就能讓公司股價崩跌？他回到辦公室，查閱希爾頓的財報（美國證交會的公開資料）。他發現，該集團的收益有40%是來自拉斯維加斯，而僅有1%是來自紐約。在此之前，他當然很希望自己蓋的紐約凱悅飯店可以媲美紐約希爾頓。然而如今他意識到，在風險幾乎相同的前提之下，賭場似乎是一個更好的賽局。

對川普這類建築商而言，蓋飯店或蓋賭場的風險可說是不相上下，但賭場的收益卻多了四十倍，也就是擁有更好的非對稱槓桿。過去，川普的父親建造了成千上萬座的中、低產階級大樓，也就是說，這是個當一加一等於二時，你就會賺到錢的遊戲；在一加一等於四分之三時，你只能打平成本。而川普的第一筆財富和第二筆財富的差別在於，他把自己的能力運用到那些利潤率更高的業務上，並加入一點「表演」元素，藉此向外界證明「更高的價格」是合理的。

D. 執行（將「非對稱槓桿」SOP化）

早在川普之前，芝加哥普利茲克家族企業的商業活動，就已運用這類型的非對稱槓桿。該家族擁有凱悅布蘭尼夫企業（Hyatt Corp., Braniff），及旗下包含一系列工業公司的馬蒙控股集團（Marmon Group），總資產超過35億美元。

一九五八年，普利茲克家族收購了俄亥俄州一家瀕臨倒閉、專門製造腳踏車、輪椅與小型海軍火箭的柯森卡斯特公司（Colson Caster），並以此開拓馬蒙集團的版圖。這筆收購案也是非對稱槓桿的絕佳案例——由於多項評估皆顯示，那家瀕臨倒閉的公司可能會以高於收購價的價格被清算，基本上已讓普利茲克家族的風險趨近於零。此外，因收購價格與該公司的資產價值掛鉤，由於柯森卡斯特公司的售價低於其帳面價值，根據美國稅法，普利茲克家族將可獲得退稅，這反過來又進一步減少了資產，進而又退了一次稅。

因此，普利茲克家族承擔的風險相當於公司在過去七年中所繳納的所有稅款，他們以此降低收購成本，並將剩餘的大部分收購款項轉化為營運資金過渡貸款，直到他們從政府那裡獲得稅款為止。也就是說，普利茲克家族一開始就以理想的非對稱槓桿開始交易，他們獲得的收益遠高於收購成本，進而實現零風險。接著，他們利用美國稅法的結構來擴大非對稱槓桿效應。

雖然本報告著重於非對稱槓桿在金融面的分析，但我們必須記得：對企業而言，數字並非一切——他們必須提升客戶所獲得的商品與服務。舉例來說，柯森卡斯特公司的存貨包括八百枚被退貨與有瑕疵的海軍火箭。在普利茲克收購該公司後，這些火箭在重新加工後再次出售給海軍。他們重新設計了「倒推式會計成本系統」(backward cost accounting system)，並在六個月內讓公司轉虧為盈。這是執行非對稱槓桿非常成功的例子。

有趣的是，不管是普利茲克家族、漢森信託（Hanson Trust）與巴菲特執掌的波克夏．海瑟威，他們的經營風格都大同小異——每個執行單位皆採用扁平化的管理風格，所有的執行決策皆由對應的執行單位平行處理。然而，所有財務決策與預算編列則是採垂直式管理，必須得到組織最高層的批准。換句話說，財務決策由老闆管轄，而生產面由執行管理者掌控。至於利潤分配，則是以單位為基礎，而非以公司為基礎。換句話說，如果公司整體的獲利減少，但特定部門的獲利卻增加的話，那麼該部門的經理人仍會獲得獎金。嚴格的財務控管是非對稱槓桿的核心。沒有做好財務控管，就無法在任何目標時間內實現或維持非對稱槓桿。

最後，我們來看看雷・杭特（Ray Hunt）與他的繼兄弟邦克（Bunker）、拉瑪爾（Lamar）所做的決策，思考何謂理想的非對稱槓桿。

雷是杭特石油公司（Hunt Oil Co.）的擁有者，如果將該公司和他名下的房地產投資加總起來，他的資產總值超過10億美元。雷和他的繼兄弟們不同，他謹遵父親老杭特（H. L. Hunt）的經營哲學。

老杭特是一個傳奇人物，他的第一筆主要石油儲備是在賭桌上贏來的，而非透過石油市場。事實上，在他職業生涯的初期，他從撲克牌上賺到的錢遠遠多過鑽採石油所得。他把自己的牌技運用在經商上——他只投資那些在一年內可以翻倍的項目。此外，他會同時下很多賭注，以便讓「大數法則」對自己有利。他曾經說過，在那些四處採油的日子裡，他從不會因為鑽探失敗而洩氣，因為那代表他距離成功只有一步之遙。此外，他絕不會在單一項目上投注過高，以至於偏離均數——這也是我們在明特公司的交易方法。

一九八四年，雷・杭特在收購北葉門油田時，也遵循了相同的哲學。要開發北葉門的油田會涉及一大筆支出，鑑於該國政治情勢的風險，雷將49％的股份賣給埃克森美孚公司，埃克森美孚同意承擔那座油田的全部開發成本，這使雷坐享利潤，卻規避掉無法預知的風險。

相反的，雷的繼兄弟們則選擇把所有的雞蛋放在同一個籃子裡——他們用超高的槓桿率押寶白銀。當他們壟斷白銀時，市場上根本沒有多餘的買家。結果他們非但沒有停損，反而繼續抵押那些有收益的資產，為白銀的交易爭取時間——他們為自己帶來相當不利的非對稱風險，他們的損失遠遠超過了收益。

雷則和父親老杭特一樣，每年僅承擔極小比例的資產風險進行石油探勘，當年的北葉門油田就是他的賭注之一。此外，透過與埃克森美孚的合作，他以相當理想的非對稱槓桿部位換取未來的收益。

非對稱槓桿理論與實踐

MIMC是非對稱槓桿理論與實踐的絕佳例子。以曼氏的收購而言，買賣雙方都獲得良好的非對稱槓桿效益。當時曼氏集團的資產總值超過1億美元，而這筆交易的風險僅有75萬美元，只佔其資產淨值的極小一部分——他們損失75萬美元的機率不到5%，卻能因此買下明特50%的股權，這代表他們實際的風險僅有約4萬美元，而大量的統計數據都顯示了這筆交易不可能賠錢。

對我方而言，我們得到絕佳的非對稱槓桿條件，也就是時間與金錢。我們獲得五年的時間，可以運用帳戶中數百萬美元的資金，以及最低的收入保障。

支持最初曼氏與明特合夥關係的結構性條件為：

a. **預先確定的交易風險概率。**

b. **既成事實是期貨保證金可支付短期國庫券利息，此外，曼氏集團可取得優惠貸款，以降低明特的融資**

交易成本。

而這些條件，也正是後來讓我們的有限擔保基金得以運作的原因。上述交易讓我們可以從200萬美元的現金中挪用25萬美元，推出第一檔有限擔保基金，而在那一年結束時，我們獲得5,000萬美元的收益。這等同於將我們原始投資的25萬美元翻了四十倍，並且佔我們當時現金流的12.5%。

目前我們在曼氏集團也有類似的帳戶，例如Chardant；歷史最久的帳戶則是SAT，近四年來，SAT帳戶每年的收益都超過100%，其中最大的跌幅為16%——幾乎所有市場上的個股在這四年內都至少有一次16%的跌幅，但沒有一檔股票能有每年平均上漲100%的表現。

Chardant這類型帳戶能表現得如此優異的原因在於：

a. **低交易成本。這使我們得以頻繁地調整交易風險及運行D系統，該系統在行情出現急遽變化時，可以進行內部對沖。**
b. **所有「賭注」的風險均維持相等的規模，以避免風險之間不成比例。**

透過上述方法，我們得以控制了風險，並同時享有增加槓桿強度的全部好處，讓風險所佔的比例遠低於槓桿利益，即使之不對稱。

非對稱槓桿的特質

要使非對稱槓桿發揮效用，你必須擁有三個主要元素：時間、知識與金錢。

a. 時間：通常你行動得越快，風險就越高；但如果你有時間仔細挑選行動的地點，那麼行動所帶來的風險將趨近於零。

b. 知識：只有徹底了解你要玩的遊戲，你才能計算自己勝出的機率。如果你不知道勝率，你就不可能聰明地下注。我們在MIMC所做的交易，正是了解遊戲規則的絕佳實例。在MIMC，我們對期貨的標的資產（underlying assets）一無所知，但就是知道該如何交易它們。假如我們在毫無這些交易知識的狀況下操作槓桿，那麼絕對會引發立即（或最終）的災難。

c. **金錢：它可以讓你買到時間、買到知識，並且能讓長期的機會站在你這一邊。**

傑・普利茲克（Jay Pritzker）絕對不會投資那些超過自己能耐的標的——除非他找到另一位合夥搭檔，否則就會直接放棄。換句話說，他一定讓自己處於理想非對稱槓桿的位置。他對收購布蘭尼夫公司一案，作了一個完美的總結，他說：「布蘭尼夫讓我花了5,000萬美元。如果成功了，其價值將有5億；但如果失敗了，我也還過得去。」

非對稱槓桿計畫提議

透過與迪克・艾爾登（Dick Elden）的關係，我們得知許多基金經理人的年均報酬率大約會落在15%至20%之間，波動性不大，也沒有季度虧損的問題。基金經理人的績效表現與其他任何因素無關，僅與大盤有關，因為基本上來說，他們都使用了技術分析。

儘管紀錄顯示，基金經理人的實際績效會更為理想，但我們先假設在最壞的情況下，其交易回撤的風險為20%。此外，假設我們將這個交易活動視為是曼氏集團中的另一條業務線，並提供500萬美元的現金與2,000萬的信用額度給它。根據20%的總報酬率來計算，這個交易活動將產生500萬的收益，扣除200萬的利息支出後，可以取得300萬的淨收益或60%的風險資本收益率。如果總報酬率為15%，那麼風險資本收益率則為35%。

若考量這名績效穩定的基金經理人已有很長一段時間沒有出現虧損，那麼該業務經風險調整後的報酬率甚至會更高。舉例來說，若我們假設實際回撤風險是資本的10%，而不是上述的20%，那麼淨收益將增加至總收益的120%（基準為20%），或總收益的87.5%（基準為15%）。

很顯然，這項業務是資金成本與管理者的投資組合結果之間的槓桿套利。如同我前面所說，若在缺乏實際知識的情況下使用槓桿，將會導致立即或最終的災難。此交易之所以能成為非對稱槓桿計畫的原因在於，其投資組合經理人過去的績效紀錄已經過量化分析，就跟MIMC所做的交易一樣。我們可以利用我們的風險測量和管理方法，對這些經理人再次進行「槓桿化」──只要有夠長的歷史紀錄的話。此外，在這個分析中也出現另外兩個相當實際的要求：

a. **必須長時間的投入、進行這項業務計畫，才能得到長遠的效益。**

b. **由於收益並不會隨著利率上升而攀升，因此應當鎖定資金成本。**

整體來說，若以風險／報酬的角度進行評估，此交易與曼氏集團的其他大宗商品交易活動相比，確實非常有利。例如曼氏集團的糖交易力求產生40%的風險資本收益率，並以36%的部位規模承受資本風險——近乎一比一。而前面概述的交易業務也產生同等的風險／報酬，卻未添加額外的信用與交易對手違約等其他風險維度。

非對稱槓桿交易團隊

我們應該在紐約建立非對稱槓桿團隊，並向LH/HMcG彙報。該團隊的任務是在企業部門尋找非對稱槓桿交易的機會。其策略應包含以250萬至500萬美元的價格範圍，對價購買公共車輛控制權，並針對此交易與其收益表現，募集額外的資本。

鑑於我們的實力——資金管理和金融產品，我們可以在這個領域進行第一步的計畫，然後再擴展至其他領域，包括（但不限於）保險與儲蓄貸款協會（S & L）領域。羅伯特．羅森卡茲（Robert Rosenkrantz）完美說明了機會在哪裡。一九八七年，羅伯特以2,000萬美元的資本，以及從奇異信用公司（GE Credit）借來的2億4,000萬美元，控制了信實保險（Reliance Insurance）公司及其8億美元的資產。在迪克．艾爾登的建議下，他引進一種多元化混合資產的投資組合策略，並在第一年就獲得兩倍的淨收入。

這個非對稱槓桿團隊，最初可以由兩個人組成，讓有經驗與受過專業訓練的人在一定的框架下獨立工作。而首年的執行成本大約會落在2億美元。

我必須在此強調，此計畫的概念與資料皆出自本人之手，我也將承擔所有責任。

我也必須感謝哈維．麥克葛拉斯與派翠克．杜瑪斯（Patrick Dumas）的協助，讓我把一些想法化為實際的提案，沒有他們，就沒有非對稱槓桿計畫的工作模型。此外，我也要感謝大衛．費德曼（David Federman），他在晚餐時邀請我把非對稱槓桿的概念，以及如何協助企業運用非對稱槓桿效益的方法，化為完整的文字。

ACKNOWLEDGMENTS

致謝

許多人都為本書的出版奉獻心力，但首先我想先感謝暢銷作家與趨勢追蹤專家麥可．卡威爾。他啟發我展開寫這本書的旅程，並提供聰明、善解人意與客觀的見解，讓我能順利完成這本書的寫作。

感謝編輯蘿拉．史諾恩（Laura Schenone）與赫爾伯．胥亞費納（Herb Schaffner），他們讓我的想法與故事有了生命。感謝麥格羅希爾教育集團（McGraw-Hill）的共同出版人朵納．狄克森（Donya Dickerson），她的耐心與慷慨讓這本書順利出版，並特別感謝艾莉森．舒茨（Alison Shurtz）的審稿。

我很感謝艾力克斯．葛瑞斯曼在三十年前敲了我的大門，當時他是個熱情洋溢、期望在金融界開展事業的年輕電子工程師，直到今天，他一直都是我可靠的同僚與夥伴。我也希望能感謝維克朗．葛庫達斯，他原本是一位程式設計師，現在是我的共同研究者與工作夥伴。

我還要感謝我前同事哈維・麥克葛拉斯，他對我的行動始終保持信心與信念。

我的律師賽蒙・拉芬則是一位閱讀愛好者，並在過去三十年來給我專業的法律建議。感謝賽蒙與他的兒子麥可・拉芬願意分享自己的故事，為本書提供不少好材料。我很榮幸能夠成為麥可的顧問，我也希望他喜歡這些故事，如同我熱愛與他分享一樣。

感謝史丹利・芬克男爵，他是我的前商業夥伴，也是我所知最聰明的人之一，他是我絕佳的朋友，也是我仰慕的人。

我很幸運霍華德・佛里曼能成為我一生的摯友、場邊的啦啦隊與回憶守護者。當然，如果沒有助理亞琳・沃德（Arlene Ward）的支持與十足貢獻，我將無法完成這本書。

我也很感謝我的父母——喬治與海倫・海特，他們給我無條件的愛。還有碧亞阿姨、希米姨丈、堂兄弟馬里與彼得・考夫，他們總是對我敞開大門，並讓我知道世界沒有任何極限。

感謝上天祝福讓我能擁有女兒莎曼莎、泰莎，與孫女愛麗、席兒，以及活在我們記憶之中的席碧兒，她帶給我愛與靈感，讓我成就一切。

最後，我要感謝我現任妻子莎拉的耐心、美麗與愛，以及她的家人所給予我們的支持。

金融怪傑賴瑞・海特的順勢交易原則

The Rule:

How I Beat the Odds in the Markets and in Life — and How You Can Too

作　　者　賴瑞・海特（Larry Hite）
譯　　者　李靜怡
主　　編　郭峰吾

總 編 輯　李映慧
執 行 長　陳旭華

出　　版　大牌出版／遠足文化事業股份有限公司
發　　行　遠足文化事業股份有限公司（讀書共和國出版集團）
地　　址　23141 新北市新店區民權路 108-2 號 9 樓
電　　話　+886-2-2218-1417
電子信箱　streamer@bookrep.com.tw
郵撥帳號　19504465 遠足文化事業股份有限公司

封面設計　陳文德
印　　製　博創印藝文化事業有限公司
法律顧問　華洋法律事務所 蘇文生律師

定　　價　450 元
初　　版　2021 年 1 月
二　　版　2025 年 8 月

電子書 E-ISBN
9786267766200（EPUB）
9786267766217（PDF）

國家圖書館出版品預行編目（CIP）資料

金融怪傑賴瑞・海特的順勢交易原則／賴瑞・海特著；李靜怡譯 . -- 二版 . -- 新北市：大牌出版 , 遠足文化發行 , 2025.08
264 面；14.8×21 公分
譯自：The rule : how I beat the odds in the markets and in life—and how you can too
ISBN 978-626-7766-18-7（平裝）

1.CST: 海特 (Hite, Larry)　2.CST: 自傳 3.CST: 金融業 4.CST: 投資技術 5.CST: 美國

785.28　　114010292